中华先贤人物故事汇

陶渊明

程　磊　著

中华书局

图书在版编目（CIP）数据

陶渊明/程磊著. —北京：中华书局，2022.1（2025.2 重印）
（中华先贤人物故事汇）
ISBN 978-7-101-15398-9

Ⅰ.陶…　Ⅱ.程…　Ⅲ.陶渊明（365～427）-生平事迹
Ⅳ.K825.6

中国版本图书馆 CIP 数据核字（2021）第 201823 号

书　　名	陶渊明
著　　者	程　磊
丛 书 名	中华先贤人物故事汇
责任编辑	徐卫东　董邦冠
美术总监	张　旺
封面绘画	冯　戈
内文插图	于露露
责任印制	管　斌
出版发行	中华书局
	（北京市丰台区太平桥西里 38 号　100073）
	http://www.zhbc.com.cn
	E-mail：zhbc@zhbc.com.cn
印　　刷	三河市宏达印刷有限公司
版　　次	2022 年 1 月第 1 版
	2025 年 2 月第 7 次印刷
规　　格	开本/787×1092 毫米　1/32
	印张 5⅝　插页 2　字数 70 千字
印　　数	27901-30900 册
国际书号	ISBN 978-7-101-15398-9
定　　价	24.00 元

出 版 说 明

　　孔子周游列国，创立儒家学说；张骞出使西域，开辟丝绸之路；书圣王羲之，留下了曲水流觞的佳话；诗仙李白，写下了"举头望明月，低头思故乡"的名篇；王安石为纠正时弊，推行变法；李时珍广集博采，躬亲实践，编撰医药学名著《本草纲目》……

　　这些杰出的历史人物，有的是在中华民族文明进程中做出过突出贡献、对后世产生过巨大影响的思想家、政治家，有的是对中华优秀传统文化的传承传播发挥过重大作用的文学家、艺术家、科学家，有的是为国家安定统一、民族融合团结和中外文化交流做出过杰出贡献的军事家、外交家……他们为中华民族的繁荣发展做出了伟大的贡献，他们的行为事迹、风范品格足为当世楷模，并垂范后世。

　　他们是中华民族的先贤人物。他们的思想、品德、事迹，是中华优秀传统文化的结晶；他们的故事，是对中华民族的禀赋、特点和气质最生动、最鲜活的阐释；他们的名字，在五千年中华文明史上最为光彩夺目；他们为五千年中华文明史书写了最为光辉灿烂的篇章。

　　为了解先贤，走近先贤，我们精心组织编写了这套《中华先贤人物故事汇》丛书。这套丛书，以详实可靠的史料为依据，以细腻动人的故事为载体，真实地呈现中华先贤人物的事迹、品格和精神风貌，彰显他们的贡献和功绩，以激发人们对国家民族的热爱，对中华文明、中华优秀传统文化的崇敬。

　　开卷有益，期待这套丛书成为你的良师益友。

目 录

导　读

　　陶渊明是我国文学史上著名的诗人，也是思想文化史上的巨人。他的意义已经超越文学、历史的界限，而成为一种内涵丰富的文化现象。陶渊明的历史形象，可以用几个鲜明的标签来描述：他是不慕荣利的隐士、饮酒赏菊的田园诗人、带月荷锄归的农夫。我们通过他留存的诗文，又可以看到：他是看透世情的智者、率性任真的达者、金刚怒目的傲者。这些复杂形象的叠加，产生出言说不尽的魅力，引起古往今来无数人的强烈共鸣。后世人根据自身所处时代的感受，将陶渊明身上不同侧面的意义加以放大，渐渐塑造成经典的人格偶像，由此形成中国人慕陶崇陶的文化情结。陶渊明的文化意义是其复杂的历史形象经过累积叠加之后被逐渐创造衍生出来的。

几乎每个中国人心中都有一个陶渊明。陶渊明的真率，使他能够妥善解决仕与隐的矛盾，真正将自我安顿在田园当中，获得自在自由的生命。后世士大夫每当政治失意、仕途倦累、天下无道的时候，总会以陶渊明为榜样，在田园当中颐养身心：田园成为他们的政治避难所和心灵安顿的家园；在中国诗歌中，田园意象总是温暖宁静，令人向往。并且，陶渊明的意义还在于他始终保持气节，不屈己干人，不违心阿世，即使遭遇困穷也不会磨灭其人格的光辉。这就是中国人心中永恒的陶渊明。

陶渊明为后人所钦敬、铭记，并非因其有显赫一时的地位或是彪炳史册的功绩，而是缘于其高尚的人格。有高尚伟大之人格，乃有高尚伟大之文学。如果我们能怀着十二分郑重的心情，打开一卷陶诗仔细品读，亲近并了解其内心世界，接受其文学之滋养与人格之陶冶，在平庸的生活中保持不俗的心灵追求，那便算是开卷有益了。

五柳先生

　　长江滚滚西来，自险峻奇伟的三峡冲荡而出，来到平坦的江汉平原。这里往北是古云梦泽的遗迹，向南是洞庭湖流域，古城荆州就坐落在江边。荆州附近的江流素有"九曲回肠"之称，蜿蜒曲折的河道驯服了它激怒的野性，沿途河湖港汊源源不绝地汇入，又助长了它宏伟的气势，让它变得温和而浑厚。长江继续奔流向前，来到鄂赣皖交界处——古称江州的地界，在这里接纳了万里浩渺的彭蠡湖水，然后浩浩汤汤地向东北方向而去了。

　　从彭蠡湖入江的湖口逆向南行，沿着曲折的湖岸走数十里的水路，远远便可望见巍峨高耸的庐山；晴光明澈的时候，可以看见挺拔的香炉峰，矗立在一片紫雾之上。

　　庐山脚下便是江州的治所浔阳。浔阳城虽然不大，却是控扼长江中下游水陆交通的要地。三国两晋时期，北方连年战乱，百姓四处流徙，许多人纷纷跑到江南避乱安居。浔阳交通便捷，兼有明山秀水，因此吸引不少名士显宦到此，一时成为人物荟萃、风流云集的文化之区。出浔阳城郭向西南行二十里是柴桑县，这里比不得州治的繁华热闹，但也是人烟阜盛之地。本乡居民之中，大多是依靠土地为生的农民，只有少数几个诗礼传家、门有阀阅的大家族。陶姓便是这里为数不多的几个大姓之一，他们世代聚族而居，子孙绵延。我们的主人公陶渊明，就出生在这个家族里。

　　其时是东晋安帝隆安三年（399），渊明风尘仆仆地从荆州回到浔阳家中。他此时正在荆州刺史桓玄幕下任职，得到家信说小儿子出生了，便即刻告了假，归心似箭地赶回家来。渊明今年三十五岁了，已经是四个孩子的父亲，可惜原配夫人在五年前去世，后来才续娶了妻子翟氏；翟氏贤惠持家，待他四子如同己出，生活还算美满如意，如今又为他添了一个孩子，渊明心里自然欢喜不已。刚到了家门口，大儿子陶俨带着三个弟弟飞奔着迎出来，渊明一个个抱着亲了又亲，才进门去，见翟氏卧在床上，怀里抱着孩子，便嘘寒问暖了一番。翟氏说道："就等着你回来，给他起个名字吧。"

渊明抚摸着熟睡的小婴孩，眼里充满了慈爱之意，另外四个孩子又围拢过来，大儿子陶俨已经八岁了，就带头问道："爸爸，给小弟弟起个什么好听的名字呢？"

渊明摸着他的头，微笑着说："你说起什么名字好？"

几个小家伙都笑嘻嘻地摇摇头，渊明道："你们四兄弟名字里都有个立人旁，给弟弟也起一个类似的名字可好？"大儿子名俨，次子名俟，三子名份，四子名佚，渊明因此才这么说。

翟氏道："这样也好，以后五兄弟的名字都整整齐齐地有个样儿。"

渊明道："我在路上都思量过了，起一个单名'佟'字可好？"

翟氏满意地点点头，俨儿却还要顽皮地扳着渊明的手问佟字怎么写，渊明在他手掌上一笔一画地慢慢写给他看，几个小家伙都踮着脚争着来瞧。渊明写完了字，便说道："孩子们，出去玩耍吧，别吵着小弟弟睡觉。"

三个小一点的孩子都才几岁，打闹着出去了，俨儿却还不肯走，拉着渊明问道："爸爸，为什么给我起名字叫做'俨'呢？"

渊明把他抱在腿上，亲了亲他的脸颊，温和地说："爸爸给你起名叫俨，是希望你以后长大了，待人处事能够恭敬庄重，不尚浮华。爸爸之前教你读《礼记》，里面说'毋不敬，俨若思'，就是这个意思。"

俨儿似懂非懂地点点头，又问道："那我为什么要姓陶呢？"

渊明笑了笑，说："因为爸爸姓陶，爸爸的爸爸也姓陶啊。我们的老祖宗都姓陶，陶姓的家族里出了很多杰出的人物，所以后代子孙要以陶为姓，铭记他们的功德事迹，将他们的精神血脉都传承下去。"

陶俨听得有趣，一直问个不停："我们的祖宗里有哪些有名的大人物呢？"

渊明慢慢说道："我们陶姓源远流长，最初的远祖始于五帝之一的尧帝，夏商周三代都有著名的人物出现。到了战国纷乱的时候，陶姓的祖先都隐居山林，默默无闻，直到汉朝时才有当将军的愍侯陶舍和当丞相的陶青。我们陶家因此才根深叶茂，分派久远。"

陶俨疑惑地问道："老祖宗做这么大的官，我怎么没见过？"

翟氏笑着说："傻孩子，这些老祖宗都是几百年前的人了，你怎么见得着？"

渊明道："这些大人物都记载在族谱里，我们虽然见不着他们，但年年都会去祠堂里祭拜，也算是后辈对祖宗的礼敬和铭记。"

陶俨点点头，渊明接着说："说起近代以来我们陶家最杰出的人物，要数你的高祖父，也就是爸爸的曾祖父长沙公陶侃。"

陶俨问道："长沙公是什么？"

渊明道："长沙公是你高祖父的封爵，这是朝廷给予的封赏和礼遇。长沙公年轻的时候，家境贫寒，出身卑微，有一次客人到访，他的母亲剪断自己的长发，到集市上换柴米酒菜来招待客人。那位客人见你高祖父胸怀大志，气宇不凡，于是引荐到官府里。你高祖父从县衙小吏做起，凭借才能和胆识一步步升迁到郡守的高位。本朝建立之初，诸侯混战，盗贼横行，四海动荡，你高祖父能征善战，又治军严明，屡次平定叛乱，安抚流民，为朝廷立下赫赫战功，因此朝廷才封他为长沙郡公。"

陶俨听得神往不已，怔怔地一句话也不说，静静地听渊明讲故事。渊明接着说："你高祖父不仅功勋卓著，当世闻名，而且德行高尚，令后辈仰慕。当年朝廷中发生了叛乱，形势危在旦夕，是你高祖父率领军队入朝平叛，挽救了社稷。天子授命他都督八州军事，专掌地方大权，但是他恃宠不骄，功成辞归，因为谦逊与忠诚的品格受到许多人的尊重。他在私底下也严于律己，勤恳吏职，从不肯荒疏怠惰，贻误政事。他曾经对人说：'大禹是圣人，犹且珍惜光阴，我辈凡人，更应该珍惜时间，努力做事，岂能逸游荒醉，生无益于时，死无益于后？'我们陶家后人，代代受长沙公的训诫教诲，你作为我们家的长子，更应该修身正直，勤恳有为，将来能够成人成材，不要辜负了爸爸的期望啊！"

陶俨抓着渊明的手臂，郑重地说："孩儿一定好好读书，以高祖父为榜样！"渊明笑了笑，打发他出去玩儿，又抱起小儿子在臂弯里哄，屋子里充满了祥和的笑声。

渊明将行李收拾了，吩咐管家和乳母照看几个孩子，便去向母亲孟氏问安。孟氏年岁大了，身体也不太好，渊明久宦在外，不能时常在床前服侍，心中愧疚不已。问安已毕，又出门去拜候族中长辈兄弟，走了一圈，方才回家。

渊明慢慢走在路上，心里不由得生出一丝忧愁的情绪。几个孩子天真烂漫，固然可爱可喜，但是母亲衰老，妻子体弱，自己只能远游他乡谋求职事，家里的光景眼看着黯淡下来。陶家虽在本地也算大姓，但家道衰落已经是不争的事实，祖父只做过太守的官职，而父亲性情淡泊，不热衷于仕宦，声名事业都无足称述，曾祖长沙公创辟而来的家资基业和人脉声誉渐渐消磨。在这个看重门第实力的时代，后辈们不能徒然坐享祖先的功德荫庇，必须凭借自身努力去承担起家族振兴、光耀门楣的重任。渊明对长子俨儿的一番谈话，也是希望小儿辈能珍视祖上的勋德荣光，自勉自励，不辜负他的期望。

他又想起自己年轻的时候，在家耕读闲居，琴书自娱，不关心尘俗之事，族中之人都说他的性情有其父的遗风。他觉得那时的生活是快乐的，心灵是自由的，至于居家生计之事，虽然箪瓢屡空，也丝毫不以为意。二十九岁的时候，州里征辟他做祭酒的官职。他初入官场，非常不习惯那里卑污庸俗的风气，就自请解职了。他后来回想，与其忍受那些苛碎无聊的官场律条以换取谋生的俸禄，不如固守安贫乐道的气节以获得身心的自由；为了身外的功名事业而违逆了自身的自在性情，他是为此深感耻辱的。后来州里再次召他做主簿，他也推辞不就，一心一意想要在乡间过隐居的生活，见到门前有五株柳树，便以此明志，写了一篇文章——有名的《五柳先生传》：

先生不知何许人也不详其姓
字宅边有五柳树因以为号焉

见到门前有五株柳树，陶渊明便以此明志，还为此写了一篇文章——《五柳先生传》。

先生不知何许人也，亦不详其姓字，宅边有五柳树，因以为号焉。闲静少言，不慕荣利。好读书，不求甚解；每有会意，便欣然忘食。性嗜酒，家贫不能常得。亲旧知其如此，或置酒而招之；造饮辄尽，期在必醉。既醉而退，曾不吝情去留。环堵萧然，不蔽风日；短褐穿结，箪瓢屡空，晏如也。常著文章自娱，颇示己志。忘怀得失，以此自终。

赞曰：黔娄之妻有言："不戚戚于贫贱，不汲汲于富贵。"极其言兹若人之俦乎？酣觞赋诗，以乐其志，无怀氏之民欤？葛天氏之民欤？

世人皆为功名利禄等身外事而劳碌奔命，甚至曲折了自己的本性，违背了自己的初心，他以为这是十足可悲可怜的，人生在世，自足自适才是最重要的，如此又何必去营求那些缥缈的身外事而带来无尽的烦恼呢？曾祖长沙公在他心目中固然是最足敬慕的先祖名贤，但他看重的并不是彪炳青史的赫赫功绩，或是传播众口的鼎鼎声名，而是长沙公勤勉自励、谦退冲和的德行修养与处世智慧。一个人建立功绩，猎取声名，有时需要时运的眷顾与机缘的垂青，但德行修养却全靠自身的努力去达成。这是"我欲仁斯仁至矣"的自家分内事，子孙后辈如果能修德立行，敦仁求善，即使他寸功未树，默默无闻，也不失为一个顶天立地的男儿，不算辱没了先祖的光荣。

他走到那几株柳树下，不由得陷入了沉思。这些柳树的枝干已经斑驳粗壮，而柳叶都憔悴离披，不复往日葱翠蓬勃的情状。时光荏苒，万物变化，人事心情都不似从前，这真是叫人有无可奈何的感慨。自他几个孩子陆续出世，中年丧偶，再娶，连番变化接踵而至，将他青年时期的闲逸心情都扫除得无影无踪，生活的压力也随之而至。族里的长辈都来劝说渊明出仕，一来解决经济压力，使妻子孩儿可以免除饥寒之苦，二来也可以积累人脉，为将来的官场事业铺垫机会。渊明倒不志在什么功名事业，只是怜惜几个嗷嗷待哺的孩儿，心中实在不忍，又挨不住亲友的轮番苦劝，终于决意到荆州去应刺史桓玄的幕职。

桓玄是东晋权臣、大司马桓温的少子。桓温死后，桓玄袭爵南郡公，是士族门第里野心勃勃的人物。当时朝廷权力掌握在会稽王司马道子手中，他任用奸小，招权纳贿，以致民怨四起。青、兖两州刺史王恭出身名门，又是外戚，素有宰辅之望，因此会同各家门第势力一同起兵，欲给朝廷施加压力以排挤司马道子，由此酿成了一场很大的政治风波。桓玄趁此内外纷乱之际，利用朝廷中枢与门阀士族之间的矛盾，慢慢兼并了各方势力，成为独霸荆州一方的豪强。渊明之所以选择去荆州依桓玄，只因为他的外祖父孟嘉曾做过桓温的长史；孟嘉温雅平和，清操自守，颇有名士风度，很得桓温的器重，因此渊明得以借重这一层关系去应桓玄的幕职。

荆州远在西面，从浔阳出发，水路迢递，舟车轮转，往来不便，渊明去应幕职，实出于无奈，远游他乡更加重了他孤独的忧思。有时出差公干，需要往来荆州与京城两地，他总是趁便就回家盘桓数日。这次因孩儿出生，只告了数日的假期，很快就得销假返荆。渊明将家里交待清楚，安慰了妻子孩儿，拜别了母亲，又踏上宦游的道路。

江船驶出了浔阳码头，在夜色中逆流而上，一轮明月悬在天边，依依送别着远行的渊明。这条去荆州的水路他已走得熟了，为了赶上旅途歇宿的时间，他总是在凌晨就整装出发，因此在这离乡远别的清冷场景里谙尽了孤寂的滋味。凉风阵阵吹来，鼓起了船帆，载着他沉重的乡愁，飘然西去。渊明立在船头，心中思绪无限。水路漫漫，夜色无边，这一叶小舟恰好像他的人生旅程，周流飘荡，往来西东，没有目标止泊，也没有尽头可极。他心中反复思量，为何自己要为了惦记职事，不得安寝，暗夜里独自漂泊在旅途之上呢？人生之中这么多无可奈何的所求与所得，真的存在真正有意义的报偿吗？算了吧！算了吧！功名之事从来就不是他心中愿意追求的，他倒宁愿到乡间田园做一个农夫去，每日扛着锄头在大地上劳动，自在随性，身心自由，岂不强过忍受这羁旅的烦恼与忧愁？世人都以官场功名为人生营求的目标，而他却不愿为外物所羁绊，有朝一日真的就挂冠而去，到故乡去寻一个茅屋，来保全自己的真性吧！

渊明回到荆州以后，继续处理他在幕府里的各种文书职事。这时朝廷乱象已兆，大厦将倾。东海附近州郡爆发了大规模暴乱，以孙恩为首的义军攻陷州府，招纳流民和奴客，声势日渐浩大，很快席卷了整个东晋王朝的腹心之地。桓玄一面加紧联络地方士族集团，不断扩充自己的势力，一面向朝廷申奏领兵东下，以平定孙恩之乱为由，趁机威逼中枢。司马道子大惧，只得不断给桓玄加官进爵，以笼络其心，阻止他东下；另外派兵前去镇压孙恩。渊明多次背负着桓玄的使命，前往京城出差，沿途看见兵连祸结、国事飘摇的惨状，内心有说不出的悲慨叹息，对官场之事也渐渐灰了心。

忽一日，家信来说陶母孟氏病逝，渊明哀伤大恸，即刻向桓玄告假还家奔丧。按当时的礼制，父母之丧子女须在家居忧守孝三年，渊明再一次沿江而下，从荆州还浔阳。三年之期，既是他疲瘁身心的一次休整，也是此次游宦西荆经历的结束。他需要仔细地审视自己的内心，同时也冷眼旁观这个纷乱的世界，预备将来为自己的人生道路做出正确的抉择……

躬耕南亩

陶渊明自母亲孟氏去世，离开江陵归浔阳居忧，忽忽又过了两年时光。他一面在家居忧守孝，一面勤力耕种，日子过得还算平静。这两年里国家发生了许多大事，海边的孙恩之乱虽然渐渐平息了下去，但另一场政治斗争的阴云已笼罩在京城之上，搅动得长江沿线的荆州、江州、豫州、扬州等地人心汹汹不安，一场惊天危机正在酝酿，时刻就有爆发之虞。渊明虽远离官场，身在田野，但始终冷静地关注着官衙的讯息和时局的变化，内心的忧虑使他几乎无法埋首田园，不问世事了。

渊明所忧虑的这场危机，正源于他过去的府主上司桓玄。

自袭杀了殷仲堪、杨佺期后，桓玄全面占据了荆州、雍州，进而逼迫朝廷下诏晋封自己都督八州军政，进号后将军、荆州刺史，复领江州刺史；又借协助朝廷讨伐孙恩之乱为名，树用腹心，招致兵马，扬言要率军东下，朝廷赶忙下诏制止。桓玄自以为拥有晋国天下三分之二，野心膨胀，欲取建康而代之，屡次使人上报符瑞于朝廷，为自己制造舆论。其时晋安帝乃痴愚傀儡，司马道子老病昏昧，沉溺酒色，朝政国柄操持在其子司马元显手里。司马元显深感桓玄势大，内心忧惧，于是听信下臣建议，秘密整治军备，邀结外藩，以谋讨伐桓玄。建康朝廷与荆州西府的矛盾彻底激化了。

东晋南渡以来，中枢与西府的矛盾一直难以调和，数次造成朝廷的政治危机。荆州势居上游，西通巴蜀，南接交广，北连襄阳而窥京洛，乃军事政治上的关键之地，而朝廷的统治中心则在长江下游，京师建康直面平坦的江淮平原，时时受到北方异族势力的威胁，一旦门户洞开，必须仰赖西府的臂膀拱卫。历代执掌荆州军政大权的要么是外戚宗室，要么是世家大族，非如此不能保障京师的安全和政局的稳固。东晋能维持近百年危而不乱的局面，实有赖于中枢与西府势力的平衡安排。然而自王恭起兵，孙恩乱作，朝廷已经左支右绌，应付两难，如今桓玄坐大，意存叛逆，原有的平衡被打破了，破局的转机显现了。此时司马元显急得像热锅上的蚂蚁，只得拼死一搏。果然，就在渊明居忧还浔阳的第二年，也就是安帝元兴元年（402）正月，朝廷正式下诏罪状桓玄，以司马元显为骠骑大将军、征讨大都督，以镇北将军刘牢之为前锋都督，大赦改元，内外戒严，然后发兵西上，战事一触即发。

桓玄得到从兄太傅长史桓石生的密报，得知朝廷即将调遣大军，不禁大惊失色。他原以为朝廷遭孙恩之乱，东土饥馑，漕运断绝，短时间内必定无力征讨自己，只需蓄力观衅，等待时机成熟，朝廷必定土崩瓦解。此时他才想到储积粮饷，欲保守江陵。其帐下长史卞范之劝说道："明公英威振于远近，元显乳臭小儿，少谋无断，刘牢之背叛反复，大失人心，此二人何所惧哉？明公若亲率义师，兵临京畿，示以祸福，土崩之势可翘足而待。何必待敌入境，坐以待毙呢？"桓玄听罢大喜，于是抗表传檄，罪状元显，举兵东下。一场沿着长江的内斗厮杀就此拉开了序幕。

司马元显只不过是纨绔子弟，未经戎阵，一旦真的要领兵征战，不免胆怯起来，总是借故迁延，畏惧不发。挨到二月，安帝主持了出征仪式，在西池与元显饯别，元显两股战栗，仓促罢席，被群臣哄拥着上了战船，却久久不肯发令，只是催促刘牢之以前锋西进以御敌，自己则与左右歌舞作伴，日夜沉醉。

桓玄大军东下，沿路并无阻碍，顺势到了江州，并未见到官军前来逆战，心中大喜过望，传令三军驻守要塞，一面搜集粮草，训练士卒，一面遣先锋往下游探查，伺机而动。左右奏报武昌太守庾楷勾结司马元显，欲为内应，桓玄大怒，下令将他拘禁，待剿灭元显之后一并斩除。自此，桓玄整齐人心，军容日盛，并力东向，前来投奔攀附的人络绎不绝。

此后战局呈现出一边倒的态势。桓玄接连击败了豫州刺史司马尚之、襄城太守司马休之，直逼京城而来，唯一令他畏惧的只有能征善战的刘牢之而已。刘牢之起身行伍，素为士族所轻视，但历年的战功，使他逐渐升迁为执掌一方兵马的军政要员，且手下之士多勇武兼备，是朝廷唯一所能倚重的重要势力。刘牢之与司马元显实有嫌隙，司马元显骄恣昏聩，不得人心，而刘牢之则担心自己功劳日盛，不能为元显所容，又忧惧一旦桓玄被灭，自己就成为朝廷疑忌的对象，因此欲在两军之间逢源得势，保存实力，然后寻隙以取权位。刘牢之自恃兵强马壮，故意逡巡不前，面对元显的屡次催促，总是百般搪塞，不肯发兵出战。桓玄秘密派刘牢之的族舅何穆前去策反他，晓以利害，动以富贵，刘牢之决定背叛司马元显，投于桓玄帐下。司马元显闻讯后，张皇流涕，不知所为。

到了三月，桓玄大军逼近京师，官军一触即溃，司马元显单骑逃往太傅府，问计于司马道子。道子醉酒昏然，言辞混乱，唯有涕泣而已，父子相抱大哭。桓玄很快进了京城，称诏解严，总揽朝政，将司马道子流放到安城郡，使人监管拘禁起来，又将元显及其党羽下狱定罪，斩杀于市。

桓玄还趁机调刘牢之任会稽内史，意在剥夺其兵权。刘牢之大为愤恚，欲聚兵反抗，参军刘袭说："事之不可者莫大于反。往年将军背叛了王恭，近日将军背叛了司马郎君，如今又要背叛桓玄。一人三反，何以自立！"说罢，不顾而去，帐下佐吏纷纷散走，军心大坏。刘牢之见桓玄威权日盛，自觉大势已去，遂带领部曲向北奔逃，途中倍感穷蹙无望，于是自缢身死。其子刘敬宣率部逃往北方，投奔后秦；余下部众将刘牢之草草殓葬，可怜他一世英雄，竟落得如此悲惨的结局，令人叹惋不已。桓玄将刘牢之剖棺斩首，暴尸于市，表状其罪，于是京师内外人人缄口，莫不慑服，再也没有谁敢违逆桓玄的意旨了。

此时桓玄志得意满，不断指使朝廷给自己加官进爵，封赏子弟亲信，又使桓氏一门执掌州郡要害，以相固结。他又派人暗中用毒酒毒死司马道子，欲以孤立安帝，树立威信。从此朝廷大小政事一决于己，皇帝只是俯首听命而已。京师人民厌倦祸乱，渴望安定，见桓玄初来，扫除了道子、元显等一班奸佞，都以为河清可待、太平可期了，却没想到桓玄世胄出身，性喜豪奢，自得势以来，纵逸游宴，政令无常，且朋党互起，陵侮朝廷，以致人心大为失望。桓玄入都以后，三吴地区遭遇了灾荒，人民大饥，户口减半，其中会稽郡十减三四，临海、永嘉两地几乎空无一人，富户之家犹且闭门饿死。孙恩乱平之后，余众推卢循为帅，带领残部继续在临海等地袭扰官军，江南地区更加残破，人民流离困苦，已非一日。桓玄不加振恤，只是遣刘牢之旧部抚军中兵参军刘裕率兵前往镇压，自己则安居京城，日日以宴会为乐。

元兴元年这一年很快过去了。长江上的刀光剑影、血雨腥风很快就消匿不见，往日江州江面上舰船云集、旌旗蔽空，如今也恢复了平静，几番争斗厮杀只不过留下一些亡魂枯骨，都被奔流不息的江水淘洗得不见了踪迹。国家似乎又回到了往常的轨道。

然而人间终究是不平静。成王败寇总是人们认可的定律，旧的腐朽势力被铲除了，新的势力又上台来，桓玄终于获得了梦寐以求的无上权力，离他最终的野心只差最后一步。所有人都知道汉献帝、魏元帝禅让的故事又将重演，那些阿谀攀附者犹如嗜血逐臭的乌蝇，瞬间就嗅到了权势的气味，群集在桓玄门下。他们得知桓玄酷爱书画，都四处罗致了奇珍异宝、名玩书帖，争相贡献而来。桓玄每于宴会座中邀人同赏，大笑为乐，赏赐官爵，不在话下。

对于这一切，远在江州的渊明是略有耳闻的。这一年来各种消息自京城纷至沓来，他对桓玄的看法愈加明晰，对未来的政局走向也愈加忧虑。有不少亲族旧友来劝他，如今桓玄声威鼎盛，何不借重过去仕于桓玄幕下这层关系，搭线铺路，可以立取富贵。渊明以母丧居忧未满，委婉予以拒绝。他往日在荆州的同僚也写信来说，桓玄如今位极人臣，百废待举，正是用人之际，劝他即刻入都，共同谋划劝进之事，将来官爵禄位都不可限量。渊明也以居忧卧病为由，复信加以推辞。他对眼下政局翻覆混乱的状况，早已洞若观火，绝不肯再冒险涉足，而那些攀附者贪势逐利、寡廉鲜耻的丑行，更令他深恶痛绝。他此刻更加坚定了矢志归隐、坚守田园的决心。

转眼过了新年，正是元兴二年（403）春天，渊明收拾好了农具，准备了一些干粮，要去南亩从事春耕。大儿子陶俨已经十二岁了，便撺掇着要与父亲同去耕田，妻子劝阻说："山中露气寒冷，路上又不好走，小孩子去了可不是玩的。"陶俨只是不依。渊明笑道："不妨事，孩子大了，且由他去。"

南亩在柴桑山南面，是陶家开辟的荒田之一，因离城郭较远，前去需要乘坐牛车，那里有一座简陋的田舍，可供农耕时节短暂歇息。渊明和儿子将备办的什物都收拾好，便驾车缓缓出发了。一路春风和煦，绿意盎然，春鸟的啼鸣格外欢欣明亮，似乎也在歌唱着这个欣欣向荣的时节；田野里都是正在赶春耕的农人，埋首在田地里忙碌。渊明想到自己多年以来就有躬耕南亩的夙愿，未料到趁此居忧之便，才能得以践行，岁月之不可饶人，可愧可叹！农时不可违，眼下正是勤力耕作的时候，他恨不能马上飞到农田中，去精心侍弄那块瘠薄的土地，种上庄稼，等待秋日的收获。看着儿子坐在牛

渊明和儿子将备办的什物都收拾好，便驾车缓缓出发了。

车之上，正兴致勃勃地观看着沿途的风景，渊明抚摸着他的头，问道："俨儿，你可知荷蓧丈人的故事？"

儿子点点头答道："爸爸，孩儿知道，这个故事出自《论语·微子》。"

渊明眯着眼，扯了扯辔头，让牛车走得更平稳点，然后说："你且将这个故事说来给为父听听。"

儿子一本正经地缓缓说道："'子路从而后，遇丈人，以杖荷蓧。'是说孔子的弟子子路与老师走散了，路上遇到一位老者，正用拐杖挑着除草的农具。子路便问他：'老先生，可曾见到夫子从这里经过？'老者说：'四体不勤，五谷不分，说的就是这个夫子吧？'说罢，便将拐杖插在田埂上，头也不顾地除起草来。子路听他如此说自己的老师，不禁非常生气，但并没有表现出来，反而很恭谨地立在一旁。老者也不答话，慢慢地除完了地，看看天色将晚，就邀请子路到他家去借宿，还杀了一只鸡来款待他，并让自己的两个儿子出来与子路相见。第二天清早，子路出发，终于赶上了老师，告知了昨天的遭遇。孔子感叹地说：'这是隐者啊。'赶忙让子路返回，再行请教，可是那老者却出门了。"

渊明接着问："后来子路说了什么？你背出来听听。"

儿子摇头晃脑地背诵道："不仕无义。长幼之节，不可废也；君臣之义，如之何其废之？欲洁其身，而乱大伦。君子之仕也，行其义也。道之不行，已知之矣。"

渊明问道："俨儿长大了，可愿出仕做官？"

儿子说："古人或仕或隐，都出于自我性情决断，决不肯轻易投身于身外名利。"

渊明听了大喜，说道："孺子可教！"

走了半日，便到了南亩旁的田舍，这里远处荒郊，四围都是丘陵，只有中间平坦的地方开辟出一块块田地，一脉溪流从山坳间流出，蜿蜒穿过田中，又向远方流去。所谓田舍，仅仅是两间低矮简陋的草屋而已，配有一些简单必备的生活用具，平日里只有春耕秋获的农忙时节才过来暂住。渊明打算在这里住上三五日，先把土地犁过一遍，再播下种子，除草培土，细细浇过几遍水，就算大功告成。儿子很懂事，每日下地来帮忙干活，又时时送来煮好的茶水给渊明解渴，或悄悄拿毛巾擦去渊明额上的汗珠。渊明日间在田里埋头耕种，虽然筋骨劳累，倒也心中踏实，晚上就倚在窗下听儿子诵读诗书，谈艺论文，以遣长夜。

某一夜，农事已毕，吃过了晚饭，渊明与儿子坐在窗前歇息，看着一钩新月从山坳间升起。渊明点燃一支蜡烛，就着微光先让儿子诵习了一些功课，默写了几页《论语》《孟子》。然后他诗兴大发，提起墨笔来写下两首诗，题作"癸卯岁始春怀古田舍"：

　　在昔闻南亩，当年竟未践。屡空既有人，春兴岂自免？凤晨装吾驾，启涂情已缅。鸟哢欢新节，泠风送余善。寒竹被荒蹊，地为罕人远。是以植杖翁，悠然不复返。即理愧通识，所保讵乃浅。

　　先师有遗训，忧道不忧贫。瞻望邈难逮，转欲志长勤。秉耒欢时务，解颜劝农人。平畴交远风，良苗亦怀新。虽未量岁功，即事多所欣。耕种有时息，行者无问津。日入相与归，壶浆劳近邻。长吟掩柴门，聊为陇亩民。

渊明写毕，掷开笔来，呵呵大笑："俨儿，来来，把这两首诗读一遍。"

儿子一字一顿地大声读了一遍。渊明问道："俨儿，可知诗里所写何意？"

儿子沉思片刻，慢慢说道："父亲，诗中所咏怀的古人，正是《论语》中所记载的荷蓧丈人、长沮、桀溺。他们都是不随俗流、勤力耕种、自食其力的隐士。"

渊明颔首赞许："俨儿，先师孔子有言：'忧道不忧贫。'可知这话里的分量？"

儿子沉默不言。渊明接着说："自古以来，读书人的事业，便是整顿乾坤，济世安民，以天下为己任。所以孔子周游列国，栖栖奔走不暇。然而生当无道之世，昏君奸臣当道，读书人又当何以自处呢？所以古书里才会记载那些隐居深谷、避而不出的隐士，他们洁身自好，不与世浮沉，甘守贫贱，与那些追名逐利、毫无气节之人相比，他们才是真正的有道之士啊！"

儿子似懂非懂地点点头。渊明又说："贫贱并非常人所能忍受的，世人皆贪财爱权，营求私利，在如今这样的世道，能够不随流俗的人已经寥寥无几了。为父性刚才拙，做不成什么大事业，唯一所能坚持的，便是勤力耕种来养活自己，不必伸手向那些有权者讨要什么富贵。去年以来，国家动荡不安，战乱未息，四海疮痍，为父打算就此辞官，回到田园中来，就像长沮、桀溺一样，立志做一个农夫，虽然生活艰辛一些，但毕竟心里踏实，强过去那黑暗的官场卑躬屈膝，销折心志。俨儿，今后做个田野农夫，可吃得了这耕田犁地的苦？"

儿子攥紧了拳头，说道："孩儿吃得了苦，孩儿要跟父亲一样，做一个勤劳的农夫，做一个有道的隐士。"

渊明大感欣慰，不住地摸着儿子的头。蜡烛渐渐燃尽了，屋子里暗下来，朦胧的月光透过窗户，正映在那一纸诗上。

寝迹衡门

　　元兴二年（403），自春至夏，朝野出奇地平静。去年的一场大战，很快就以司马元显的覆灭、桓玄的得势而告终。桓玄不仅挟持了安帝，得以号令朝廷，还鸩杀了司马道子，除掉了吴兴太守高素、将军竺谦之等一批北府旧将，东晋疆域之内几乎再无势力能与他抗衡了。朝廷迫于桓玄的威势，屡次下诏晋封他为太尉、大将军等，其实已经是无可封赏，但凭桓玄意旨行事而已。眼下只有孙恩的余部卢循还在临海等地时时扰动，桓玄根本没把这种纤芥之疾放在眼里，只是派遣刘裕率兵征讨了事。他此刻最关心的，是如何踢开晋安帝这个最后的绊脚石，实现他改朝换代、加冕登基的美梦。他身边的一帮心腹谋臣殷仲文、卞范之等人正在紧锣密鼓地筹划，秘密调动人事任命，制造舆论，牵引人心。这出奇的平静，正是风云裂变的前夜啊！

本朝自永嘉南渡，元帝开国，皇室的威信逐渐衰微，必须仰赖世家大族的扶持才能维持政权。丞相王导引元帝过江，一面招收流亡，邀贤纳士，一面联合孙吴故地的豪强士绅，倾心存问，稳固人心，晋室才渐渐得有中兴之象。元帝对王导十分信任，全权委以国事，号曰"仲父"，登基之日，令其上御床共坐，以至民间有谣谚云："王与马，共天下。"琅琊王氏家族因此宠遇日隆，子孙位居清要，累代簪缨不绝。东晋百年间，权臣辈出，王导之后，颍川庾氏、谯国桓氏、陈郡谢氏等轮流执掌朝政，"共天下"的格局却持久地延续下来，保证了江南半壁江山的偏安稳定。自孝武帝死，安帝即位，司马道子父子弄权于内，王恭兴兵于外，内乱不止，国势日衰，世家大族与司马皇室共天下的格局再也维系不下去了，这就给那些意欲问鼎的野心家提供了良机。桓玄的父亲桓温曾经权倾朝野，皇帝的废立都操于其手，鼎革之势几乎就要达成。可惜的是桓温最终一命呜呼，未能等到登基称帝的那一天。桓玄出身元勋之门，常以雄豪自居，潜怀异志，誓要完成父亲未竟的事业。昔年在荆州时就暗地培植自身实力，觇候时机，意欲有所作为，如今时移势易，晋室微弱，群豪俯首，唯我独尊，他的野心再也藏掖不住，迫不及待地要踏出最后一步了。

到了九月，殷仲文、卞范之等人秉承了桓玄的旨意，鼓动朝臣劝安帝早行禅位之礼，并私底下撰写好了九锡文及册命。朝廷不得已再次封赏桓氏诸人，使其居掌权要，册命桓玄为相国，总百揆，封十郡，为楚王，加九锡。楚王桓玄离皇帝的宝座只有一步之遥了。朝臣诸将眼见桓氏一门骤然得势，有的投机攀附，唯恐不及，有的佯作归顺，不敢公然抗逆，因此整个朝野对于桓玄的篡逆之举，没有一人敢站出来反对，都默默接受了这个事实。侍中、录尚书事桓谦（桓谦之父桓冲曾任车骑将军、荆州刺史等职，死后追赠太尉，是大司马桓温的弟弟；桓谦乃桓玄的同族兄弟）曾经私底下问刘裕："楚王勋德隆重，朝廷的舆论都说，圣上应当揖让以禅位，足下以为如何呢？"刘裕是北府旧将，对桓玄实有反心，只是眼下实力不济，时机未成，因此只得违心地说："楚王是桓宣武之子，勋德盖世。如今晋室暗弱，百姓早就盼望改朝换代了。楚王上应天命，下顺民心，乘势禅代，有何不可？"桓谦听罢大喜："卿说可以，那就是可以了。"可见当时的舆论风向。

将及十月，桓玄加紧了谋权篡位的步伐。先是给皇帝上表，佯装要归藩荆州，然后强迫安帝作手诏以示挽留。又制造舆论诈称钱塘临平湖自古壅塞，民夫开挖河道，忽然湖平水阔，一朝畅通，预示天下将重归太平；又有传言江州降下了百年难遇的甘露。这些都是天示符瑞，是桓玄将要受天命登帝位的预兆。桓玄又听说前代帝王功德隆盛，必有得道隐士，自己就要做皇帝了，怎能没有几个隐士来装点门庭呢？手下心腹赶忙四处寻访，找到了西晋时大隐士皇甫谧的六世孙皇甫希之。众人如获至宝，赏赐了大笔资财，让他装模作样地隐居山林，由朝廷下诏征召他为著作郎，然后又让他固辞不就，再降诏褒奖他的高逸绝俗，赐以一个"高士"

的雅号，以示朝廷的优容礼遇。时人都在背地里讥笑他是"充隐"，意谓充数的隐士。如此种种荒唐之举，不一而足。自桓玄专断朝政以来，朝令夕改，制度纷纭，没有一项措施能切实地执行下去，弄得官员们疲于应付，叫苦不迭，百姓也都民怨沸腾。桓玄出身豪门勋贵，免不了公子王孙的贪鄙毛病，见人家有收藏的名家书画法帖，或者是私属的花园别墅，必定要假借赌博设局强夺到手。他又尤其爱好珠宝玉器，四方搜罗把玩，一刻未曾离手。

十一月，卞范之草拟了禅位诏书，又派人逼安帝亲笔抄录了一遍，昭告天下。安帝交出天子玺绶，禅位于楚；桓玄迫不及待地将安帝迁出宫城，百官山呼万岁，纷纷劝进。十二月，桓玄择好了良辰吉日，在城郊筑坛祭天，正式即皇帝位，国号大楚。降封安帝为平固王，迁于浔阳居住，司马氏宗室亲王一概降爵减秩。桓玄又追尊其父桓温为宣武皇帝，庙号太祖，桓氏子弟加官进爵，不在话下。

这一年的冬天似乎出奇地寒冷，北风呼啸着从长江掠过，带来潮冷的湿气，整个浔阳城就像掉进了冰窖里。半空中凝聚着冻云，低低地压在城头，拂过树梢，一直绵延到远处庐山的峰峦之间，看样子一场大雪就要降临了。

渊明院子里静悄悄的，路上也见不到半个人影。虽然时近年末，但乡下的光景比不得城里，仍然是一副冷寂的模样。农忙的时节早已过了，田地里没有什么农活需要干，只剩下一些枯槁的秸秆七歪八倒地横在田埂上。乡民们都趁着年末的闲暇时光，窝在家里不愿出来。勤快一点的人家会收拾收拾家里的什物，归置一下收获的粮食和种子，为来年的春耕做些准备；躲懒的人则在火塘里生一堆火，就着火烤一些花生，抱抚儿孙，逗弄猫狗，优哉游哉地消遣漫长的寒冬。

渊明家里稍微显得冷清，火塘里只有半明半灭的余火，炉子正微微冒着热气。自居忧还家，渊明已经闲居快两年了。在荆州幕府所得的薪俸，虽还有些余资，但也不够支撑许久。这一年耕种所得的粮食着实微薄得很，经不起一个大家庭整年的消耗。几个孩子都渐渐长大，而储米的瓦缸几乎要见底了，眼看年关将至，这日子一天天显得艰难起来。

渊明似乎不太在意这些，就着火来读书，慢慢地吟哦，孩子们在一旁嬉笑玩闹，也不会搅扰了他读书的兴致。唯一显得忧形于色的是妻子翟氏，她要准备每日的饭食，又想着新年该给孩子置办些新衣裳，明年的家需日用也都要预先做些谋划。这些都需要不小的开支，眼下都快揭不开锅了，心中不免忧愁，嘴上便细细碎碎地唠叨起来。

渊明放下书，安慰妻子说："不必忧心，家里过年需要些什么，我去集镇上买回来便是。"

妻子嘟囔着说："家里的余钱也不宽裕，还是留着预备紧急之用。孩子们的衣裳，我扯上几尺去年的旧布缝补缝补，也还对付得过去。只是粮食不够吃了，总不能到除夕夜喝西北风去。"

面对妻子的嗔怒，渊明也只能叹气。贫贱夫妻百事哀，只是苦了孩子们；他已立志归隐田园，以后只能向田地讨生活，决不再去官场上谋富贵，君子固穷，恐怕是自己往后不可逃避的命运了吧！

"不妨事，粮米的问题，我出去借一点回来，挨过年总是可以的。明年再多开垦一些荒地，家用就可以保证了。"渊明只得这样一面安慰着说，一面套上夹袄准备出门去，"我这就出门找人借去。"

妻子拦在门前劝道："缺粮也不是一天两天了，干嘛这会儿心急火燎起来？粮食总还能支撑一些日子，何必急于一时？你看外面天寒地冻的，能找谁借米呢？"

渊明微微笑道："我早日借来，你早日安心，要不然你唠叨没完，受罪不起。"

妻子反而有些不好意思了，反问道："那你找谁去借呢？"

渊明开了门，看看天色，回头说："这个你不需担心。看样子不久要下一场大雪，再过几天，就难得出门了。"

妻子柔声说道："天太冷了，你早去早回。"一边伸手拢了拢渊明身上的夹袄，又替他扣紧了领口的扣子。渊明这才冒着寒风往外走去。

渊明紧走了几步，忽然踟蹰起来，他委实不知道该去向谁借米。陶氏亲族虽众，但交往日疏，实难开口；碰上那些嫌贫爱富的，就越发忍受不了心中的耻辱。结交的朋友虽多，无奈各人志趣迥异，他已很少同官场朋友打交道了，若是提及借米之事，恐怕只会更加感到羞愧。他此刻只有顶着寒风，漫无目的地走，一步一步挨到了集镇上。

寒风扫过街巷，似乎也不见什么人影，镇上的铺面大多关门，生意萧条得很。忽然，人渐渐多了起来，都涌向江岸码头去了，转过街角再细看，原来江岸边挤满了人，都簇拥着争相看着什么。渊明还未明白怎么回事，忽觉有人在身后搭了一下他的肩膀，回头定睛一看，原来是自己的族弟陶敬远。

"大哥！真的是你？"敬远惊喜之余，赶紧拱手作揖。

渊明回了礼，答道："贤弟，你怎么会在此处？"

敬远道："今天到集镇上办点事情，正巧碰上一件百年难遇的奇闻，因此随着人群来凑凑热闹。"

"是何奇闻？"渊明好奇地问道。

敬远道："大哥原来不知？走走，我们过去细谈。"说完就拉着渊明到街边的小食店里坐下来。

堂倌儿上前招呼，敬远点了一碟冻豆腐，一碟煮花生，一盘小鱼干，又叫了一壶酒。

陶敬远是渊明的堂弟，他的父亲与渊明的父亲是同胞兄弟，敬远之母与渊明之母又是亲姊妹，敬远小渊明十五六岁，年幼时常在一起玩耍，感情自然深厚。他八岁时丧父，渊明一家对他多有接济，因此恩同骨肉，所以这位亲上加亲的堂弟，非族中他人可比。敬远成人后，没有进学，就在本乡务农耕种，与渊明甚是情志相投。这几年渊明游宦在外，就很少见面，今日碰巧竟在街上遇见了。

敬远举了酒杯说道："大哥，今日天寒，且饮几杯暖暖身子。"

渊明也很是欢喜，呷了一口酒，问道："贤弟，快说有何奇闻？"

敬远道："大哥居忧两年，常在乡下，所以消息不太灵通。这几日州府里文书往来，驿使迎送，整个州城都轰动了。原来是要改朝换代了。"

渊明心里一沉，想起去年桓玄的起兵东下，今年京城里的各种诏令，也猜到八九分了，便问道："你何以知晓此中详情？"

敬远道："小弟虽是乡野农夫，也好打听是非。每上州城来，酒楼茶馆里无人不在谈论。原来是当今天子禅位，桓荆州要做皇帝了。"

渊明举杯沉吟，缓缓说道："想不到这世道变得如此之快！"

敬远道："城中舆论都在哄传，天子禅位，是受形势所逼，亲手抄录好已经事先拟定的诏书，盖了金印，这才将冕旒龙衮都脱下来。后宫佳丽，都赶出宫来，哭哭啼啼地挤了一路，那痴痴的天子还在马车里笑呢。"

渊明笑道："这可就是胡说了，也不知哪里瞎传的，不值得信。"

敬远也笑了："事或无有，理未必无。当今天子受强人挟制，已非一日。如今形势比人强，桓荆州到此份上，也该他应天受命，继位大统。"

渊明撇撇嘴，喝了一口酒，说道："应天受命这些说辞，我是不信的。自古改朝换代的事，哪里少得了流血和杀戮？就是本朝受禅于曹氏，中间多少变故，贤弟也读过一些书，不会不知其中关节利害。街谈巷议的故事，只管新奇有趣，却不尽真实。"

敬远敬了一杯酒，说道："大哥见解甚是。桓荆州登坛祭天，做了皇帝，国号大楚，大赦天下，以示皇恩浩荡，与民同心；又下了一道诏令，这才有了今日江边聚众所观的奇闻。"

渊明停杯细问："贤弟不要卖关子了，快说！"

敬远道："桓荆州做了皇帝，首先就将这禅位天子迁到江州城居住，龙舟巨舰，浩浩荡荡，光是随从的战船，就有数十艘之多。本地乡野之人，何曾见过如此大的阵仗？不说皇帝亲临，就是这声势浩大的船队，也是百年难遇。因此这几日江边聚满了观众，要饱看一眼龙舟的华贵，说不定还能瞧见圣上的龙颜呢！"

渊明冷笑了一声："常言道：'落难的凤凰不如鸡。'这拱手让位的圣上龙颜，恐怕也是凄惨得很。圣上如今远赴江州，显然是桓荆州的安排，要仿效汉献帝封山阳公的旧例，名曰迁居，实是监管，要不然派那么多战船跟随，所为何事呢？是他放不下戒心哪。荆州是桓氏的根本，钱粮人脉，尽萃于此。圣上迁居江州，实是方便掌控。所以啊，哪有什么应天受命，都是哄人的把戏，不过是成王败寇罢了！"

敬远恍然大悟："原来其中曲折，深邃如此，还是大哥洞幽烛微，见解深刻。"

渊明淡淡说道："我已辞告桓氏，还家居忧，本不想问朝廷上的事了。如今鼎革之势已成，天下动荡未息，还不知将来会有什么变故呢？贤弟，众人的热闹，附和一下也就罢了，他们哪里知道这背后有多少血淋淋的阴谋诡计？这昏乱的世道，我辈生当此时，真是万万的不幸了。"

渊明猛喝了一口酒，胸中似乎有满腔悲愤，不可遏制。倒不是为那落难的安帝而同情，也不单单是因得势的桓玄而愤怒，他只是眼看着这个世界一天天为势利纷争所吞噬，人心也为势利纷争所驱使，浑浑噩噩，蝇营狗苟，是非善恶都混乱得没有了标准，只剩下一片污糟、颓败与晦暗。他自己毫无办法，唯有守住田园，独善其身而已。

敬远是深懂渊明的，见他怔住了，也不再劝酒，只拿筷子给他夹些菜肴，默默地陪酒。

酒喝到醺然，杯盏都歪倒了，几碟子小菜，也只剩下些残汁。街外面天色愈加昏暗下来，星星点点的雪花飘洒飞旋，渐渐地铺满了整个街市。江岸边忽然起了一阵骚动，似乎是皇帝的龙船到了，隐约看到巨大的帆影出没在江面的雪雾里，再后面是新朝廷战船的旌旃，耀武扬威的武士和森然林列的刀枪剑戟直竖在船队两侧。人们惊奇着，欢呼着，为这让位天子的驾临而兴奋着，不过有谁会去在意那背后的真实故事呢？

敬远道："大哥，这龙舟也不必去瞧了，天晚了，我这就送你回去。"

渊明望向江岸，叹了口气，头也不回地往家走去。敬远在一旁扶着，两行脚印在雪地里弯弯斜斜地向前延伸。大雪下得愈紧了，乡村旷野之地，已是白茫茫一片。

敬远忽然问道："前面只顾着叙说见闻，竟忘了问正经事。大哥今日到集镇上来，可是有事要办？"

渊明这才想起借米的事来，因为这桩奇闻的牵扯，竟忘到九霄云外去了。敬远听说其中原委，大声笑道："大哥，此事有何难以启齿，小弟虽不宽裕，也愿意慷慨解囊，以解大哥燃眉之急。"

渊明面带愧色，面对这位率真的堂弟，又实在难以推辞。敬远道："大哥万勿介怀，且到小弟家中，总能匀出一些粮食来，供家人度过年关。兄弟之间，周济扶助，本属平常，又何必推辞？"

渊明只得告谢，心中感激不已。敬远叹道："大哥的为人，小弟好生敬重。如今世事昏乱，贤愚颠倒，像小弟这样的，只堪埋首乡土，不闻于时，像大哥如此的俊杰，却沉沦草野，还要忍受饥寒，可知世事难为了。"

渊明摆摆手，道："阿弟，你我情同手足，又是知己好友。有些话，只能对你讲出，其他人可能就不会明白了。我如今也把世情看得透了，每于家中闲坐，读些古书，渐渐明白了做人处世的道理。贤弟！古来贤圣君子，高操遗烈，历历著于竹帛，名垂后世。只是现在的人，早已废书不观，将圣贤的教诲忘记了。凡俗之人哪里能够守得住'固穷守节'这般训诫？沧海横流之下，人心都被冲刷到名利的漩涡里去了。孟子不云乎'故天将降大任于是人也，必先苦其心志，劳其筋骨，饿其体肤，空乏其身，行拂乱其所为，所以动心忍性，曾益其所不能'？你我兄弟清贫如斯，真可谓筋骨俱劳，体肤俱饿，然而天降之大任，并非我辈所能掌控的了。肉食者却又将天降之大任糟蹋到如此地步，这才是愚兄倍感悲哀的地方。"

敬远扶着渊明，两人登上旷野里的一个小丘，远眺白茫茫一片大地。彤云雪雾混作一团，迷离飞散，化作一张巨大的罗网，将他两个小小的人影密密实实地包裹起来。"天地闭，贤人隐"，其斯之谓乎？

渊明得了敬远的馈赠，粮米总算有了保障，紧巴巴地可以熬过年关。他每日仍旧只是靠在火塘边读书，有时到窗边呆看一阵雪景，看看院子里那一丛翠绿的竹子在雪压霜欺下依旧挺直着腰杆儿，心中大为慰怀。因此饱蘸了笔墨，写下一首诗来，特地要赠给敬远，以表知己之情，题名作"癸卯岁十二月中作与从弟敬远"：

寝迹衡门下，邈与世相绝。顾眄莫谁知，荆扉昼常闭。凄凄岁暮风，翳翳经日雪。倾耳

彤云雪雾混作一团，化作一张巨大的罗网，将两个小小的人影密密实实地包裹起来。

无希声，在目皓已洁。劲气侵襟袖，箪瓢谢屡
设。萧索空宇中，了无一可悦！历览千载书，
时时见遗烈。高操非所攀，谬得固穷节。平津苟
不由，栖迟讵为拙！寄意一言外，兹契谁能别？

渊明这首诗，正是所谓"我思古人，实获我
心"之意，而这份心意在当世人中，唯有敬远弟可
以理解吧？旧年很快就过去了，新年照样就会到
来。世间的日升月落，流水青山，照例都在恒久如
一地向前运转。而人间，又别样地换了一番天地。

再涉宦海

　　元兴三年（404）春天，渊明居忧期满，可以除去丧服，返职复任了，但是他目睹桓玄的暴兴得势，深虑世道艰危，宦海凶险，不愿再回到桓玄麾下去蹈履危机，而是打定主意要隐居乡野，因此常常托病不出，屡次谢绝旧僚朋友的邀请。然而，朝廷又发生了一系列变故，再次将他牵扯到纷繁复杂的政治斗争当中，宦海浮沉的风波又一次打破了他矢志于田园的宁静。

　　桓玄称帝以来，诏令纷纭，纲纪不治，朝政大坏。他主事严苛而琐细，有司有所进奏，往往不能及时处理，以致奏案停积，人事迟滞，又好自矜伐，刚愎自用，不肯听信臣下意见。他又性好畋猎，嬉游无度，有时一日之内要出宫数次，兵马仪仗随从都叫苦不迭。桓玄入居宫禁以后，迫不及待地下诏修缮宫室，大兴土木，督迫严厉，把朝廷弄得骚然不安，人心思乱。

桓玄的倒行逆施，激起了朝野的反抗，举起兴复晋室义旗的正是北府兵将领刘裕。刘裕字德舆，小名寄奴，据说是汉高祖刘邦的弟弟楚元王刘交之后。他身长七尺六寸，风骨奇特，家贫，而常怀大志。少时在乡里以樵渔、贩履为生，曾因赌博而倾家荡产，为乡人所鄙。丞相王导之孙王谧善于知人，独独对刘裕青眼有加，并预言他将来会成为一代英雄。孙恩在会稽作乱时，刘牢之奉诏进剿，刘裕任其麾下，曾奉令侦察敌情，路遇贼众数千人，随从皆大惊战栗，刘裕意气自若，手奋长刀，突入贼阵，杀伤敌人甚多，因勇武善战而得到刘牢之的赏识，在北府兵中逐渐树立威名。刘牢之自缢身死之后，刘裕因桓玄势大，只得暂时率军依附桓氏。曾有人向桓玄进谗言说："刘裕龙行虎步，瞻视不凡，恐怕不能屈于人下，不如及早图之。"桓玄却说："我要荡平中原，刘裕这样的将才正可托付大事。"刘裕听闻,愈加韬晦,暗地里积蓄力量,联络同道,等到桓玄正式篡位,才联合何无忌、刘毅等在京口起兵,众将推举他为义军盟主,很快就杀到京师。

桓玄慌忙引军御敌,刘裕奋勇当先,手执长刀,大声呼喝,连斩桓玄两员大将,桓玄退入城内,忧闷不已。刘裕进至城下,使赢弱兵士登山,张旗帜以为疑兵,布满山谷。桓玄登城察看,以为刘裕已将京城团团包围,更加忧惧,因此早就萌生了放弃京城、退守荆州的打算。左右苦劝不止,桓玄不为所动,先将收藏的字画书帖装好了几大船,准备即刻潜逃,手下将士听闻此事,立刻军心涣散,斗志瓦解。刘裕很快进入京师,颁布军令,收图书,封府库,市井民生,秋毫无犯。朝廷委任刘裕都督八州军事,任徐州刺史,主理朝政。刘裕将大小政事托付给心腹刘穆之,很快就拟定了各项制度,朝中各部门都恢复了正常事务。自孝武帝以来,朝廷政令废弛,纲纪不立,豪族倚势陵纵,小民穷蹙欲死。刘穆之及时矫正了司马元显、桓玄时科条繁密和政令不行的弊病;刘裕以身作则,恩威并立，内外百官皆肃然奉职，旬日之间，风俗就得到改观。

桓玄败走至浔阳，劫持了囚禁在那里的安帝，逼使西去荆州，刘毅、何无忌等率军追击。桓玄到了江陵，自署百官，诈称迁都于此，以掩饰其兵败逃亡的丑行，又用严刑峻法弹压舆论，弄得人心离怨。他再次纠集兵马，派游击将军何澹之等领军东下守湓口，楼船旗鼓甚盛。何澹之等与何无忌等大战于江州附近的桑落洲，结果大败；接着桓玄与刘毅等战于峥嵘洲，又大败。桓玄内心胆怯畏战，常在战船旁预备轻舸，以便战败时逃走，战士因此皆无斗志，一触即溃。刘毅等披坚执锐，奋勇当先，士气高涨，又顺风纵火，烧毁了桓玄军队的大批辎重，桓玄只得再次狼狈逃回江陵，闭城自守。刘裕、刘毅、何无忌等进据江州，准备集结大军攻克江陵，一举将桓玄歼灭，迎回安帝。

得知义军击败桓玄的消息，渊明感到大为振奋。他虽因居忧退处田园，但并非对国事漠不关心。尽管在天性上他素来厌恶官场污浊的空气，鄙薄当朝官宦的势利贪惰之风，但义军恢复晋室、锐意革新的行动仍让他对未来的政局走向充满期待。桓玄的野心早已路人皆知，公然的篡逆之举激起了朝野上下的一致反对，宗室子弟与世家大族联合起来，再加上纪律严明、能征善战的北府兵，腐朽庸懦的桓玄焉能不败呢？渊明早已洞察到桓玄志大才疏，暗于用人，不能成事，因此趁居忧之便远离政治漩涡，在动荡的时局中保全自己。自古达士贤者，贵能审时度势，察微识几，与世俯仰，语默随心——这是陶氏先祖自长沙公陶侃以来便深谙的处世之道啊。

发生在江州附近的桑落洲、峥嵘洲两场大战，一度令附近的百姓人心惶惶。两军交战时，舰船满江，帆影蔽空，擂鼓声、呐喊声、刀兵相碰之声、浪涛激怒之声交织在一起，令人心胆俱裂。国家多难，受苦的总是老百姓。好在战事很快结束，义军迅速控制了江州附近区域，这才恢复了平静。

刘裕统帅大军屯据江州，被朝廷晋封为镇军将军，将要进讨江陵，扫平桓玄余党。刘裕带人到了江州府衙，立即收召佐吏，安抚百姓，又向左右仔细询问了本州的贤达之士，寻访知名的隐逸高人，原江州府衙的属官应声道："本州杰出人物，身在草野而名显朝廷的，当推陶渊明为第一。陶氏乃本朝长沙公陶侃之后，志行高洁，不苟流俗，为乡里所称。他多年隐居不仕，只是，只是……"

刘裕反问道："只是什么？有话尽管说来，不必吞吞吐吐的。"

属官拱手道："只是陶渊明曾为桓玄幕府僚佐，供职荆州多年，恐怕有附逆之嫌。"

刘裕略一沉吟，又问道："这陶渊明现居何处？"

属官答道："陶渊明因丧母，三年前从荆州返回本州居住，现在应该已经除服。他自居丧时起，便居住在乡下，以隐居务农为乐。"

刘裕说："既是本州乡贤高士，执政者理应钦敬照拂才是。三年前桓玄反迹未彰，岂可因今日之罪孽推究过往之行迹？况且这位陶先生甘于隐没，不曾于桓玄得势之时攀附贪竞，可见是一个淡泊名利、固守气节之人。眼下正是用人之际，何不请陶先生出山，襄助大事？如能使其常在左右，亦可随时请教。"于是令左右写了一个拜帖，着人送与渊明。

渊明得了拜帖，丢在一边，并未表明态度。刘裕心想："他是高人逸士，必不肯轻动。我如仗着官威使人呼喝招来，恐怕有辱他忠良勋旧之后的斯文，也叫文武百官太瞧不起我，以为我轻慢名士。不如亲自去拜访一下他，还能博个礼贤下士的好名声。"于是拣了个闲散的日子，也不要仪仗，只带了几名随从，由当地的向导带路，迤逦向渊明的居所寻访而来。

渊明正在田间锄地，那向导趋走近前，向渊明说了来意。刘裕一身戎服，翻身下马，执着马鞭，恭谨地立在田塍上，施礼道："彭城刘某，久闻先生逸名，特来拜会。"渊明放下锄头，过来还礼道："将军军务繁忙，草野之人岂敢枉驾？"叙礼毕，渊明披着衫子，立在田头，就与刘裕说话。刘裕见他衣着朴素，洒脱不拘礼仪，别有一番风流态度，竟与那山野村农迥然不同，不由得心生敬意，于是拱手道："先生俊杰之士，何苦沉沦草野，不为世所知？"

渊明笑道:"某乡下鄙人,拙于应世,只堪埋首田园罢了。"

刘裕道:"先生过谦了。如今朝廷混乱,民不聊生,刘某德薄才寡,不堪料理国事,常思贤能之士请教方略,共保晋室。今闻先生高名,特来拜会,以示诚意。"

渊明道:"将军被坚执锐,亲冒矢石,大小十余战,方能收复京师,重整朝纲。朝廷暗弱久矣,新近又遭桓氏之乱,百姓困苦,想望太平。如今能扭转乾坤者,四海之内,唯将军耳!将军若能进用贤能,严明律法,使上下同心,各守其责,文臣敬执职事,而不虚谈玄远,将士勉力疆场,而不恃威陵暴,使百姓能休养生息,安居乐业,则国事可定了。"

刘裕欠身道:"先生识见深远,实非我辈所能及。某一介武夫,只知征战厮杀,至于治国经略,还望先生常常赐教。"

渊明拍了拍手中的尘泥,说:"某此前供职桓玄幕下,犹不能有所匡谏,后虽居丧在家,但对桓氏所造成的一场祸乱,某亦只能默然退守,而不能有所补救。天下事，只待英雄之人而操持之。某与将军素无交谊，然自义军起兵以来，天下所望者唯将军而已。希望将军能以英雄自许，以百姓安居、国家宁定为志业，扫除叛逆，恢复晋室；如此，则是国家之幸，百姓之福了。"

刘裕听了大喜："如此，就更需要先生出来帮我了。先生万勿推辞！"

渊明摇摇头说："某身在草野，闲散惯了，自荆州还乡，便以隐逸为志。江州一地，人才众多，将军何不再加访查，必能得卧龙之士。"

刘裕默然良久，才说："既如此，也不便屈先生之志了。他日如有机会，再来向先生请教。"又让随从奉上一盘金银，一坛美酒，说："临行匆促，未能备办请谒之礼，些许微薄之物，聊表初见之意。请先生收下。"

渊明道："乡野农夫，甘于淡泊惯了，每日亲自耕种，以取衣食之资，如是而已。将军枉驾田野之间，足见会面之诚，又何须金银？至于美酒，我就却之不恭了。"

众人大笑，寒暄之后，方才告辞。

渊明自此仍然在田园中耕种，每天守望着长江前线传来的战事消息。他虽然对义军的领袖刘裕等人还不了解，但已经预感到局势将会有全新的变化，自孝武帝以来混乱翻覆的政治或许会有不少改观。自古乱世出英雄，可能天命有归，晋祚未绝，将会有英雄之人起而扶持之吧？他又想起汉末时群雄割据，逐鹿纷争，历史总是有相似之处的，会不会在今日又将重演？渊明青年时代的热血与狂梦，在经历数年的宦海浮沉后，原已冷寂多时，此刻似乎又被眼前的血与火所点燃，变得躁动起来。长沙公陶侃不正是在晋祚危难之时，挺身而出，建立了彪炳史册的功业么？渊明一向以长沙公作为入世进取的榜样，眼下是恰当的机遇吗？

过了数日，刘裕又派人送来了一封信，坚请他出任本部镇军将军幕下参军之职，又送来若干礼物。渊明阅信完毕，心潮涌动，久久不能平静。

时节已是春夏之交，渊明的院子里正是林木翁郁，欣欣向荣。他每日在院中踱步，脚踩着地上轻轻摇动的树影，时而眉头紧锁，时而目眺远方，有时解开衣带，任由清风吹拂着宽大的袖摆，有时又伫立树下，沉默不语。几个孩子知道父亲又在思虑国事，都不敢放肆地玩闹了，妻子翟氏悄悄将孩子们赶到屋里去。乡下的春光总是令人愉悦的，遍地的绿意与花香，很是令人受用，渊明因而大为快慰，提笔写下一首诗来，以遣情怀，题曰"荣木"：

> 荣木，念将老也。日月推迁，已复九夏，总角闻道，白首无成。
>
> 采采荣木，结根于兹。晨耀其华，夕已丧之。人生若寄，憔悴有时。静言孔念，中心怅而。
>
> 采采荣木，于兹托根。繁华朝起，慨暮不存。贞脆由人，祸福无门。匪道曷依，匪善奚敦！
>
> 嗟予小子，禀兹固陋。徂年既流，业不增旧。志彼不舍，安此日富。我之怀矣，怛焉内疚。
>
> 先师遗训，余岂云坠！四十无闻，斯不足畏。脂我名车，策我名骥。千里虽遥，孰敢不至！

古诗云："庭中有奇树，绿叶发华滋。"渊明看到院子里那些葱翠勃发的树木，想到人生短暂，浮

渊明看到院子里那些葱翠勃发的树木，想到人生短暂，浮生易逝，这实在是人之为人的莫大悲哀。

生易逝，人虽有灵智，却不能如草木自然一样长久永在，这实在是人之为人的莫大悲哀。人这一辈子一眨眼就要逝去，怎能庸庸碌碌地闲度此生？又怎能在醉酒昏沉中浑浑噩噩地浪费生命？读书人以闻道作为平生志业，以此自我警策，孔子不云乎"逝者如斯夫，不舍昼夜"？孔子犹能席不暇暖，孜孜矻矻，以求行道于天下，可本朝的士大夫却以虚谈为高，以放达为尚，醉酒废学，早忘了先师遗训。渊明想到这里，忽然有了一种驾车策马、奔腾千里的冲动，世道诚然艰难，然而这也不正是士人践道立志之时？

对于刘裕的征辟，渊明思考良久，一幕幕往事又浮上心头。当年他迫于家贫，以及族中亲友屡屡劝告的压力，走上了官场，心中常为违背初衷的选择而感到耻辱。后来又在桓玄幕府中，亲见了各种势力之间勾心斗角的搏斗，以至酿成如今这一场惊天动地的祸患，因此深深厌倦了仕途，期望远远地躲避灾祸，在田园之中寻觅自然真性。眼下又有一次出仕的机会，这次真的能实现建功立业、守仁行道的志愿吗？还是又将陷入权力斗争的网罗？人生真是难以抉择啊！可这不也是人生本来的应有之义吗？

渊明最终接受了刘裕的征辟，到镇军将军幕下任了参军之职。刘裕亲率大军，向西征讨桓玄，战事非常顺利，不到一年时间就击溃了桓氏的军队，平定了荆州各地。桓玄在兵败逃亡途中被益州督护冯迁斩杀，帝王基业顿成黄粱一梦。安帝即将返都，渊明受了刘裕的指示，预先前往京城，备办若干事宜，因此早早地乘坐官船，又一次踏上他的仕宦之旅。这条水路他是熟悉的，此前也曾奉了桓玄的指令，前往京城公干，江水景物依旧，人间万事却已全非，命运捉弄起人来，可真叫人哭笑不得。

渊明与家人作了别，将行李搬上船，还没起锚，岸上远远传来马蹄声，有人高喊着："大哥！大哥！"

渊明回头一看，原来是敬远贤弟，只见他拴了马，急匆匆走到岸边来。

"大哥！这么早就要启程了？小弟特来相送。"敬远道。

渊明下船来，紧紧握住他的手说："贤弟，愚兄受了这趟差使，要暂别故乡而去了。"

敬远道："现在局势初定，只恐朝中人多事杂，大哥可要当心啊。"

渊明叹道："世事变迁，人生无奈。愚兄早年在乡间耕读，琴书自乐，虽然志不在功名，清贫如斯，未尝因此怨天尤人。这几年隐居田园，越发觉得性情深处，实与自然相近，而与官场相左。本来已笃定主意，决意要远离仕宦，可如今却还是走上了这条道路。也许因缘际会，冥冥中会有一场遭遇吧。"

敬远道："大哥的选择，一定有自己的苦衷与想法的。小弟虽不忍与大哥分离，但还是希望大哥此去珍重。"

渊明道："贤弟，此番前去京城，只不过履行此时的职责，将来我总归是要回到田园中的。世人皆笑我为利禄所驱使，我只为自己不能如鱼鸟般自由而深感惭愧。人生有太多牵掣与拘碍，愚兄鄙陋，自然不能免俗。只希望了却心中夙愿，早日回到田园，与贤弟把酒言欢吧。"

敬远双眼含泪，道:"大哥珍重!"

　　渊明上了船，船夫收了锚，扬起帆，顺风启航了。江水无声地流淌而去，在船底撞击起片片浪花，两岸的青山渐渐远去，都退后到渊明目光所不能及之处了。敬远仍在岸边久久伫立，凝神远望，不忍离去。

彭泽县令

　　金风送爽，长空澄碧，一行大雁正缓缓向南飞去，雁鸣声不时传向寥廓的大地。彭蠡湖烟波浩淼，岸边的芦花一望无际，在秋风的轻抚下起伏摆动，似乎在遥送着那远去的征鸿。一叶轻舟出没在芦苇的层影里，背反着雁行的方向，顺着江流，孤独地向北而去了。

　　渊明独立在船头，凝视远方，眉头紧锁。他又一次要离家远行了，只是，这是最后一次吗？此刻他内心踌躇不已。

　　最近国家多事，风波未静。桓玄篡逆的一出闹剧，虽说终于宣告结束，安帝也于今年三月回銮京师，朝政复归于常，但京师内外人事变迁的种种迹象表明，平静的时局表面下正蕴蓄着汹涌激荡的暗流，不知何时会击溃眼下这脆弱的堤岸。刘裕挟击败桓玄之余威，意气洋洋地扶安帝反正，加官为侍中、车骑将军，风头正健，自不待言，可朝中不满他威权日盛、不忿他独占首功的反对势力，却也存在，于是明争暗斗，山雨欲来，朝廷中的紧张气氛日甚一日。本朝自中原沦丧，仓皇南渡，赖王谢等大族勉力维持，虽说不上中兴气象，但也算安稳平静。无奈这番局面自王恭起兵以来，已经变得越发不可收拾了，晋朝这艘满是创痕的破船，眼看就要倾覆在惊涛骇浪里。国运如斯，生当此时的人们又有谁能逃避这衰世的命运呢？渊明虽曾屡次出仕，也有过建功济世的豪情，只是篡逆征伐之事看得多了，也就将世情看得淡了，他唯一能做的，就是尽量远离政治纷争的漩涡，回到田园居所之中践行隐居的夙愿。

　　然而心为形役，身不由己，这大概是人生最大的悲哀，就像他目送着南归的大雁，行舟却兀自随着江水北去。渊明原先以英雄人物对刘裕相期许，希望刘裕能整顿乱局，恢复朝廷正常的秩序，只是义军内部已然形成了派系争斗，刘裕本人也未尝没有政治上的野心，这又令渊明大失所望，于是寻了个借口辞去镇军参军的职务，转到建威将军的幕下任参军之职。新任的建威将军刘敬宣是北府宿将刘牢之之子，其为人勇略果敢，屡经戎阵，却能礼敬文士，加上他深为刘裕所器重，兼任江州刺史，渊明也就乐意参其幕下。恰在今年三月，渊明奉了刘敬宣之命，出使京师，奉贺安帝复位，可还未等他回江州复命，刘敬宣却向朝廷上表，主动要求解除江州刺史之职。原来北府兵的另一将领刘毅一直与刘裕不和，他自恃收复江陵、讨灭桓玄余党之功，对于刘敬宣未能参与讨桓玄之役而获任江州刺史，向刘裕表达了不满。刘敬宣心内不安，自表解职，刘裕则命其转任冠军将军、宣城内史，以示勉慰。渊明不愿再度牵涉北府将领的权力斗争，也不愿离开江州远赴宣城，于是便向刘敬宣辞归。

渊明打算不再涉足官场，而是安心于田园之中，耕种为生，琴书为乐，哪知在家闲居了五月有余，又要启程离家，远赴异乡呢？这真的是最后一次吗？此刻他独立在船头，秋风渐凉，呜咽萧瑟，清冷的残阳吞没了他孤独的身影，只有这一叶轻舟，还在不知疲倦地缓缓驶去……

　　渊明此行的目的地是彭泽县。彭泽县隶属江州，距府城浔阳仅百里，若泛舟顺流而下，不日便可抵达，来往十分方便。渊明此行是去赴任彭泽县令，这件事与其从叔陶夔的举荐有莫大关系。陶夔自幼好学，博通经史，因熟悉历朝典章制度、宗庙礼仪而担任过太常之职，掌管朝廷礼乐社稷之礼，兼管地方州郡的文化教育等事。陶夔还擅长文墨，且气量不凡，具有名士风度。在担任王恭参军时，适逢三月三日曲水宴集，众僚属列坐，陶夔于座中赋诗，随手写下三五句草稿，记录在纸上，因诗思未绝，想稍加补缀，故而沉吟良久，未能完稿。坐其身后的一位参军都护将他的草稿偷藏起来，抄录其诗上呈给王恭。陶夔数日之后方才完成诗作，恭谨地抄录呈示王恭，王恭怪其诗与那位参军都护之诗何其相似，便加以诘问。陶夔已心知肚明，但仍只是逊谢而已，不愿深究。王恭深知陶夔为人有真才实学，且谦恭有雅量，于是将那位盗诗的参军都护罢斥而去。桓玄败亡后，安帝于江陵复位，时任尚书的陶夔负责迎送安帝返回京城，途经板桥镇时，忽遇大风暴起，龙舟沉没，淹死了十余人，皇帝身边的侍从宫女都惊惶奔走，唯有陶夔神色不变，镇安余众，才化险为夷，将安帝平安地送回京师宫城。

陶夔很看重渊明的才华，也深知这位侄儿秉性刚直，不屈于流俗，因此一直关注着渊明这些年在官场政治中的表现，努力为他在朝廷和世家大族中延誉，同时又很尊重他选择归隐、洁身自守的志向。渊明当初辞罢桓玄幕职时，陶夔还深为惋惜，以为渊明白白失去了仕途进取的良机，等到桓玄篡逆的野心显露，迅即败灭，才大为叹赏渊明的见机深微，抽身果决。陶夔极为欣赏渊明能够不慕荣利，安贫乐道，认为当世名利征途中人，再难找出第二个如渊明那般淡泊自守的人物，但为了家族荣誉和前途计，他还是希望渊明能够适时而出，在此乱世中建立一番事业，也算不负了一身才华，因此总是谆谆劝导，好言相慰。因此他在听闻渊明辞去刘敬宣建威参军之职后，便趁着公务出差之便，特地从京城回到江州来看望渊明。

陶夔来到渊明隐居的园田之处，见他已是一副农夫的打扮，倚着锄头，拿起汗巾擦拭着额头的汗珠。见面叙礼之后，渊明领着从叔来到位于田野僻静之处的居所，五个孩子飞也似的迎了出来。陶夔环顾四周，只见矮树为篱，茅草为檐，居室之简陋，不要说不能与陶家祖宅的深墙大院相比，就是一般的平民之家，恐怕也难堪忍受这样的艰苦，又见群稚环绕，嗷嗷待哺，而家中瓶无储粟，生计艰难，因此大为叹息。一番寒暄之后，陶夔便说明了此番来意。

渊明对眼下的耕种隐居生活是基本满意的，只是面对妻儿，还是难掩歉疚之情。眼下兵荒马乱，国事混乱未息，加上朝中人事的复杂斗争，他已经笃定主意不再贪恋富贵，舍身官场。他已经年过四十了，双鬓爬满了白发，往年的宦海奔波，磨去了青年时代的激情狂想，而对于近年来政局的翻覆变化，他也逐渐有了清晰理性的思考，有了对自己人生价值定位的深思熟虑。只是现实的生活问题仍是不可回避的，家中每日数米下锅，几个孩子尚待哺育，这是人生必须面对的严峻考验。生计贫穷的重担，一点儿也不亚于读书人在政治出处上的进退抉择，至此他才深刻领悟到心为形役的无奈，人为形体欲望的牵制而难以获得自由，而精神世界的满足又无法完全割离与形体的依存，人生在世，或许就始终处在这样的矛盾中，挣扎在这样的罗网里，不可逃去。

陶夔知他归隐之志已决，不便强求，但也不忍侄儿的才华就此为贫穷的生计所磨灭损耗，因此退一步为他考虑，劝说道："巢父许由之高，固不以全生为累。若有薄禄之资，差可免于口腹之患，又不妨琴书退隐之乐，你可有意考虑？"

渊明看了看身边的孩子，叹了口气，点点头。

陶夔接着说："眼下乱局初定，国家在用人之际，你既不愿重回旧上司麾下，我也不便强迫你。如今浔阳城东一百里外，彭泽县尚缺一县令，此县地少民寡，公事省简，虽说俸禄微薄，但公田之利，尚足糊口，且免去了官场迎来送往之俗，又无政事上的纷争干扰，委实是个托身的好去处。你若愿意，为叔可即刻向朝廷保荐。"

渊明听罢大喜："小侄聊欲弦歌，正愁三径之资，如此甚好。"

陶夔点点头，说道："只是屈才了，可惜可惜。不过我陶氏一门出了你这样的人物，也不枉门楣上有别样的荣光。这都是运数所致，不可强求啊！"说罢，便起身告辞。

到了八月，朝廷的委任文书到了江州。渊明将较小的三个孩子交托给乳母照管，带着妻子和两个大孩子，就此踏上了他第五次的仕途旅程。或许，这真的是最后一次了。

渊明此番赴任彭泽县令，与从叔陶夔的举荐，以及昔日上司刘敬宣的人脉牵引等都有关系。渊明是个知恩图报、笃情诚挚之人，内心充满了感激。然而另一方面，他的心情又极其复杂，迫于家贫，生计无着，而又踏上令他厌恶的仕宦之途，他是为此深感耻辱的。渊明从躬耕田园的生活实践中悟到人生的全新意义，那便是顺从自己内在的自然本性，这本性并非由出身、名望、功名、事业等外在因素所限定，而是受之于天，不可移易的，顺之即保全人之天真，逆之则带来各种烦恼。纵观世上为名利而汲汲奔走之人，大多是丧失了人的自然本性，为外物的诱惑而迷失了本来的方向，陷入了歧途，不但造成自身人格的扭曲，也造成社会上的道德虚伪和世风日下——当下的政局国事深陷到颓唐混乱的局面，未必与此不无关系，只不过人心执迷，不能彻悟了此番道理啊！

他又想起前番多次出仕的经历，兜兜转转，宦海浮沉，内心始终在出仕官场和退隐田园中间挣扎，也滋生了太多人生的烦恼和苦痛。几次下定决心从官场退身回来，又不得不为现实的生计问题而违逆了初志，重新回到污浊的官场之中，人生的烦恼就此不断延续，没个了局。也许，真到了应该有个内心决断的时候了。

"此番县令任期一到，便决意辞官归隐，绝不再留恋仕途了！"渊明内心暗暗起了誓，这才从激荡不平的情绪里平静下来。等船行到彭泽县界，泊靠码头，便换了轿子，迤逦往县衙而去。

彭泽县在长江南岸，水路沟通着荆州、江州与扬州，陆路则可通宣城和京师，道路辐辏，交通便利。此县土地平旷，民风淳朴，山水风物亦复可爱。渊明一行人很快抵达县衙，与县吏作了文书交割，又访察了本县人口户籍、钱粮府库、物资储积，一一查验明晰，不在话下。

渊明又问本县公田有多少亩数，为首的县吏凑上来答道："本县公田所辖共有三百亩。"

渊明道："明日通告所有县吏，公田之内全部种上秫米。"

县吏不知渊明是位嗜酒的高士，不解地问道："大人，却是为何？"

渊明笑道："我平生好酒，有酒辄醉，但酒不能常得。如今有三百亩公田种上秫米，所酿得的酒够我醉上一年了。"

渊明妻子翟氏在一旁埋怨道："三百亩都种秫米酿了酒，我们一大家子可吃什么呢？"

渊明不好意思地笑道："想到有酒可醉，就把其他的事都忘了个干净。罢了，罢了，就留下五十亩种粳米，其余的都种上秫米。如此可依得？"

翟氏见拗不过他，只得依了。旁边那班县吏偷偷捂着嘴笑了。

倏忽之间，渊明在彭泽县令任上已两月有余，每日点卯坐衙，无非是处理些民讼碎事。公务之余，便除去官服，换上宽大的便服，到穷乡僻壤间游走，喝醉了酒，就随意倚在路边的树下小睡。随从知道他的脾气，也不敢上去阻挠他，只得耐心等他酒醒了，才收拾着起身回去。碰上乡野小店，有些老酒村酿，也少不得要去品尝几杯，喝到赏心之处，醺醺然便躺在草亭里睡去，路人指指点点，也不知他就是本县的县令大人，还以为是哪里的醉汉哩！那些县吏也渐渐摸清了他的脾气，知道渊明好酒，每次都将他往本县知名的酒铺招引，慢慢地将周遭的酒馆酒坊都喝了个遍。

彭泽是个小县，政事轻省，民务简便，那些县吏都熟知乡里人物故事，渊明倚仗他们，因此也就不用过多留心。得闲时便饮酒看山，似乎把外面的世界都要忘却了。忽一日，为首的那县吏进来禀报道："县令大人，本郡的督邮要下乡视察，不日就将抵达本县，大人还需早做些准备。"

渊明疑问道："督邮依例视察本县政务，有何不妥之处，需要提早准备？"

县吏是个最精明世故的，狡黠地笑道："大人有所不知。这督邮拿着州府大人的严令，下到地方检视公务，其实作威作福惯了，哪里少得了捞油水的勾当？稍有不如意的，必定挟私报复。俗话说：'官大一级压死人。'因此，各地县官无不备办宴席，好生陪侍，自然也少不了贡献礼物，以结欢心，将来在官职升迁上也好有个照应。"

渊明冷笑道："如此说来，这督邮到此，都有惯例了？"

县吏道："可不是嘛？往岁督邮前来视察，前任县令大人亲自操办接待，令本县最好的酒楼供应食馔，每日陪送出行，车马侍应，丝毫不敢怠慢。陪了十余日，直到交验了差事，把这督邮老爷恭送出境，才将每日提着的心放下来。须知县令大人每一任期的政绩考课，全凭着他一张嘴来定夺，大人怎能不用十二分心思去堵他的嘴呢？"

渊明深知朝廷暗弱，官吏腐败，鱼肉乡里，百姓遭殃，如今却要让自己卑躬屈膝去侍奉这仗势欺人的督邮，可太折辱人了！这督邮老爷在乡里横行惯了，以为每任县官都顾忌着自己头顶的乌纱帽，不敢把他怎样，因此更加跋扈张扬，肆无忌惮。这官场的黑暗，实在令人厌恶作呕。渊明轻蔑地对县吏说："如果不能令督邮满意，他会如何？"

县吏道："眼下正是收缴租税的时候。大人体恤下民，免除许多孤寡老幼的租税，这税目上的空档，可叫谁来填补？如若叫督邮抓住了这个把柄，必定不依不饶，寻机栽赃陷害。大人，不怕官，就怕管，人在屋檐下，不得不低头，大人还需仔细应对才是。"

渊明听罢，胸口一阵热血上涌，横眉挺身道："大丈夫立身行事，堂堂正正，不愧于天地之间。我岂能为五斗米折腰向乡里小儿！"声声斩截，掷地如金石声，只听得那县吏目瞪口呆，半晌言语不得。

渊明并没有作细细思虑，而是听从了自己内心的召唤，才作出了如此迅疾的决断：这个官场早就不是我该留恋的地方，我的本性应是在那田园之中。仿佛在一瞬之间，他就决定了自己后半生的人生归宿，不再是求仕做官，不再是建功立业，不再

渊明听罢，横眉挺身道："我岂能为五斗米折腰向乡里小儿！"

是光耀门楣，而是一种全新的田园人生！只有在田园中，才有那崭新的、完整的、自由的自我，才有那舒展的、健康的、真诚的生命，才是真正地为自己而活，顺着自然本性而活。他似乎终于找到了自己久已迷失的本心，矫正了此前误入迷途的本性，此刻安宁坦然，无所畏惧。

第二天，县吏们照常上衙，吃惊地发现，县令的印绶和官服都整齐地摆放在公堂之上，陶大人却不见了踪影。不到半日，整个彭泽县都哄传着这个令人惊奇的消息：本县新任县令，到官仅八十余日，便挂冠解职而去了。

归去来兮

辞官而去的渊明，正携着妻小，在清晨的残月清辉下，缓缓从县城西门出来，往江州的家乡去了。

渊明感到一身轻松，对于此番的决定，心中再也没有犹疑，没有后悔，只有坚定与坦然。回头看着妻子和几个孩子，也都安静地坐在马车里打盹。妻子是理解自己的，这几番仕宦辗转，妻子从无怨言，十分赞同他的每一次决定，即使是此时决意彻底告别官场，回到田园中去过着农耕稼穑的生活，这意味着往后的日子会十分辛劳与清贫，她也毫无半点怨尤，只是柔顺地守在渊明身边，安静平和地与他一起面对将来生活的考验。渊明叹了一口气，虽然对于妻子和孩子充满了怜爱与歉意，但还是踏实地往前走了下去。

　　此时已是十一月，节令已近初冬，但江南的地气温暖，因此并不十分寒冷。道旁的树木仍旧葱翠，清晨的薄雾慢慢散去，晨光倾洒下来，妆点成万颗晶莹的露珠，挂在灌木与草丛之间。空气有些凉润，但清新纯净，沁人心脾，似乎要将胸口里的污秽都要洗濯净了，使人神清气爽。道路蜿蜒曲折，延伸到远方，一簇一簇的房舍村落掩映在树丛中，鸡鸣犬吠之声此起彼伏，低矮的丘陵隐没在晨曦渲染的岚气里，浓淡之间，像是一幅饱蘸了天地之气的水墨画，而人恰似行经于画图之中了。再向远望去，便是淡紫色薄雾勾勒出的天际线，苍茫的大地与寥廓的高天在那里交接，光明与幽暗在那里交汇，大千世界的生机与神秘的天籁在那里孕育，在雄奇的大自然面前，人反倒如蝼蚁般微渺不足道。

　　渊明骑在马上，似乎要沉醉了，看看天色大亮，便问赶车的车夫："这是到了什么地界了？"

　　车夫扬起马鞭，笑着说道："大人，这才走了十余里路，还没出彭泽县界呢。"

渊明笑了笑："是我太心急了，总想早点到家。而且我也不再是什么大人了，如今只是平头百姓。"

车夫道："陶先生如此人物，哪里会跟我们一样是平头百姓？"

渊明道："平头百姓才好呢，你不知有多少人都羡慕不来。"

车夫点点头："先生的心思，小人知道。且坐稳了，前路还远着呢！等到了湖口县，换了船，很快就能到家。"

渊明微微闭了眼，满意地晃晃脑袋，嘴里吟出一句诗来："式微，式微，胡不归……"

车夫见渊明神情自得的样子，不再说话，生怕搅扰了他的诗兴，继续扬着马鞭，赶着车往前走。

渊明此刻无限感慨，是啊，田园都要荒芜了，为什么我还不早点归去呢？既然已经彻悟了心为形役的道理，现在做这样的决定就不必再有任何的犹豫了。过往的时光已不可追悔，未来的人生或可重新选择。自古以来，读书人以通经致用为高，以求仕立功为上，熙来攘往奔走于利禄之途；这利禄二字，几乎要主宰了人一生的全部意义，支配了一个家族所有的希望，细想起来，这样的事岂不是非常可悲而且荒谬的吗？何况为了这利禄二字，不知有多少人耗尽青春与才华在名利场上，甚至将宝贵的生命葬送在政治的杀戮场里。为了这区区的利禄二字，不知有多少人违背了自己内心的初志，折辱了自己良善的本性，有的人蝇营狗苟，廉耻丧尽，有的人为虎作伥，不择手段，有的人奴颜婢膝，唯利是图，多少道德的虚伪、人心的朽烂、人格的扭曲都从这利禄二字滋生出来！更何况如今这世道，朝廷昏聩，奸邪当道，强有力者为权势与利益征伐不休，弱小者不免于饥寒与死亡。活在这样黑暗的世道，还执迷不悟地追逐那可笑的利禄干什么？他想到自己这些年为仕宦事业而四处奔劳，实在是走入了迷途，愈陷愈深，如今辞官归田的选择才是无比正确的啊！

想到这里，渊明恨不能马上就回到自己的田园中，将这些名缰利锁都抛弃了，然后身心自在地喝酒，读诗，弹琴，耕种。这才是他梦寐以求的理想

生活啊！他想象着，自己的脚步离家愈来愈近了，
那茅檐草舍尽管简陋，但僮仆已经前来迎接，最小
的孩子正倚着门边候望着他的归来。院子里的小径
恐怕已经长满了荒草，阶前的松树菊花也等待修剪
了。他想象着，刚进了家门，就把孩子们抱起来亲
了又亲；妻子端出家酿的浊酒，自己开心地自斟自
饮起来；喝到醉意醺然，就去端详着院子里老树新
发的枝丫。尽管这简陋的居所仅能容身，但不妨能
于此寄托超旷傲世的情怀。自家的田园很小，比不
得那些高门贵胄所拥有的广大庄园，但每天在这里
散步闲走一番，亦自有趣味。因为绝少有宾客前来
拜访，每日就将门关起来，自得一个清静的世界。
闲时就挂着拐杖在田园中休息，看着窗外云卷云
舒，花开花落，淡然地数着时光的流逝，就此悠闲
地度过余生吧。

　　渊明又想到，此番决意归隐，便再也不管官场
中事，也不再结交官场中人了；世人既与我道不相
同，又何必再驾车出游而有所求呢？与乡里宗族常
相往来，拉拉家常，聊聊闲话，就足够安慰一个人
孤独的情怀了，何况闲暇时光还可以与琴书相伴，

乐以消忧。等到明年开春，农忙时节开始的时候，就与邻里农人一起下地耕种，深入到大自然中感受生命的律动，体会草木萌生的欣喜，静听山泉流淌的清音。万物顺应天时而枯荣相继，自得自然之理，我个人的生命也就能坦然地走到终点。

太阳渐渐升高了，山谷里一片光明，白云在山尖悠悠飘荡，飞鸟成群地飞过丛林之外，倏忽不见了踪迹。渊明又想到，万物顺其自然之性，乃能得其自在之乐，人为万物灵长，却为何总是自戕其性而自取烦恼呢？唉！人的生命终究是十分短暂而珍贵的，如此何不顺遂本心，听任生死，使自我获得真正的自由与快乐？功名富贵不是我所渴望的，神仙仙界也根本难以企及，只有这踏实的田园人生才是我的根本归宿。从今往后，有生之日，登东皋以舒啸，临清流而赋诗，就凭着这样的信念顺应大化了此一生，乐天知命，不复再有任何的怀疑了！

渊明此刻心中一片澄明，好似在一片混沌之中忽然彻悟了人生最根本的奥秘，烦恼都消散而去，只剩下一片淡然的心境。此时文思也如泉源涌动，一篇绝妙好辞已打好了腹稿，便情不自禁地在马上

吟诵起来。这便是为历代传诵的《归去来兮辞》:

　　归去来兮！田园将芜胡不归？既自以心为形役，奚惆怅而独悲？悟已往之不谏，知来者之可追。实迷途其未远，觉今是而昨非。舟遥遥以轻飏，风飘飘而吹衣。问征夫以前路，恨晨光之熹微。

　　乃瞻衡宇，载欣载奔。僮仆欢迎，稚子候门。三径就荒，松菊犹存。携幼入室，有酒盈樽。引壶觞以自酌，眄庭柯以怡颜。倚南窗以寄傲，审容膝之易安。园日涉以成趣，门虽设而常关。策扶老以流憩，时矫首而遐观。云无心以出岫，鸟倦飞而知还。景翳翳以将入，抚孤松而盘桓。

　　归去来兮！请息交以绝游。世与我而相违，复驾言兮焉求？悦亲戚之情话，乐琴书以消忧。农人告余以春及，将有事于西畴。或命巾车，或棹孤舟。既窈窕以寻壑，亦崎岖而经丘。木欣欣以向荣，泉涓涓而始流。善万物之得时，感吾生之行休。

已矣乎！寓形宇内复几时？曷不委心任去留？胡为乎遑遑欲何之？富贵非吾愿，帝乡不可期。怀良辰以孤往，或植杖而耘耔。登东皋以舒啸，临清流而赋诗。聊乘化以归尽，乐夫天命复奚疑！

这是一篇与官场名利决裂的檄文，是迈向田园人生的宣言！从古至今，还未曾有过任何人如此激动昂扬地向世人宣告，他将要选择一条与世俗完全背反的人生之路，即使这条道路充满艰辛、困穷、苦难的重重考验，即使选择这条道路不被世人理解、被人嘲笑攻击，即使生前寂寞身后无闻，他也要毫不迟疑地坚守下去。对于渊明而言，官场名利所代表的政治化的人生追求，充满了诡诈、虚伪和势利的腐臭气味，读书人拘囚在这腐臭的牢笼里，丧失了斗志，屈折了傲骨，汩没了灵气，销蚀了性情，却仍浑然不觉，这才是最悲哀可惜的事情。而田园才具有更加坚实、恒久的价值，人生依托于田园之中，勤力而耕，勉力而食，亲近鱼鸟，恢复自然本性，这才是人生意义的真谛。宋代欧阳修曾说:"晋无文章,惟陶渊明《归去来兮辞》一篇而已。"自渊明以后,每当读书人遭遇现实的痛击而面对心灵的抉择时,总会有一种呼声召唤他们回归到田园中去,回归到他们应有的生命的真实中去,"归去来兮"也就成为他们心中永恒的文化情结。

一行人到了湖口县,舍弃了车马,换了一艘船,便向着彭蠡湖进发。巍巍的庐山遥遥在望,似乎在欢迎着渊明的归来。船很快靠了岸,行走不远便是渊明隐居的居所——园田居,这里将是他后半生归隐生活的全新天地。

进了家门,孩子们都围拢来,渊明慈爱地抚摸着他们,任由他们叽叽喳喳地玩闹不休。妻子很快就将行李收拾停当,打了水来,让渊明净手洗面,一切收拾齐整了,又下厨去准备简单的晚饭。四邻都听说渊明辞官而归,纷纷过来问候,闲话家常。有的细心询问,为他的辞官感到不解和惋惜。有的热心快肠,怕渊明家中日用不足,送来了自家园中的瓜果菜蔬。渊明感激地收下了,拉着他们坐到桌边,喝了几杯薄酒。将近黄昏时候,众人才渐渐散去,小院里一下子恢复了平静。

夕阳的余晖正透过树影，照抚着这个朴素的小小院落。渊明满怀深情地巡视着院子里的一切，门边柳树的叶子已经枯黄了，枝条正在风中摇摆，院中的花圃大半荒芜，篱边的丛菊也已开得萎败，土墙下凌乱地置放着往日使用过的农具。"这个家需要好好收拾一番了！"渊明心中默想道。在此前，他常年在外奔波时，这里就像个暂时借住的旅舍，风来雨往，内心都安顿不住；可如今他要将往后的生命扎根在这里了，居所不再是暂寓的旅舍，而是身心的家园。他虽然冷漠地拒斥着官场，却依然热爱着凡俗的生活，珍爱着宝贵的生命，因此也就眷恋着这小院中的一切，想要在归田的时光里，精心侍弄着他的小小家园。

忽然，一阵啁啾的鸟声从远处的湖岸传来，由远及近，原来是一群归鸟正扑棱着翅膀在晚霞中嬉戏。三五只鸟迅疾地掠过自家的房檐，兜了个圈又在院中的大树上落下了，仍旧啾啾不已地在树枝间跳跃。嘈杂了一阵，便三三两两地依偎在一起，啾啾唧唧地似要歇息了。渊明立在树底下，感叹道："倦鸟犹知归巢，我此番归来，真是适得其所了。"

"倦鸟归巢，可喜可贺啊！"篱笆外站着一个人，大声地说道。

渊明定睛一看，原来是他的堂弟敬远，赶忙将他请进院子里来。

敬远笑道："欣闻大哥辞官来归，小弟特地前来拜贺。"说着，提起手里拎着的一壶酒。

渊明也笑道："愚兄把官都丢了，何贺之有？"

敬远道："大哥高情逸性，受不得些许约束，如今世道昏昧，早该归隐田园，以娱心志。如今倦鸟有巢可依，如何不当来贺？"

此时暮色已深，寒气渐重，渊明欣然一笑："好好！知我者非贤弟而谁？愚兄权且领受贤弟的好酒，今夜咱们不醉不归。"说着便拉着敬远进屋来。

妻子翟氏烫了酒，又将邻居送的瓜果菜蔬摘了两样，做熟了捧出来，兄弟俩便在窗下且斟且酌。

渊明举了杯，缓缓说道："愚兄这些年苦于物役，宦途奔走，实属无奈。勉力职事，周旋人际，令人心倦神疲。如今决意归隐田园，不再踏足官场，真如挂钩之鱼，忽得解脱。"

敬远道："小弟素来敬佩大哥的为人，大哥能有如此决断，比那些贪恋富贵者不知强了多少！眼下朝廷越发不像样子了，我看其中的祸患还未有消散的苗头，真不知将来还会有什么祸事呢！大哥急流勇退，毅然抽身，是最合适不过的选择。"

二人碰了一杯，渊明道："我家兄弟众多，唯有贤弟与我性情相近。族中人多数不明白我的心志，也不明白这世道的真相是如何。只有贤弟懂得我的心思啊！"

敬远道："且不必管他人的闲言语，今后小弟与大哥比邻而居，忙时务农，闲时喝酒，岂不快哉！"

渊明大笑："有贤弟时时相伴，实乃人生一大乐事。"说罢，满饮了一杯。

敬远替他斟满了一杯，问道："大哥今后有何打算？"

渊明道："从此埋首田园，勤力耕种吧，每一日都是全新的开始。不过眼下有件要紧的事，趁着隆冬年尾的闲光景，要将这小院陋舍好好整饬一番，往日用过的农具，也要拿出来修理。破烂的竹筐要重新编一编了，锈损的锄头要拿到市集上去打一把新的，等到明年一开春，下地开耕就要等着用了。"

敬远笑道："大哥现在可不像个读书人，全然是个农夫的模样。"

渊明道："现在可不就是个农夫嘛。"

敬远道："大哥要修整房舍，小弟一定过来帮忙。"

渊明笑着举酒答谢。二人直喝到夜半，才尽欢而散。

第二天，渊明带着酒意醒来，明亮的朝阳已洒满窗户，四下里只有一片宁谧安静，偶尔听见有晨鸟的啼鸣，以及在树枝间扑扇翅膀的声音，远远地还传来鸡鸣犬吠之声。农村的清晨总是这般平和安宁，令人不舍啊！渊明心中欢喜，披衣起来，研墨提笔，将昨日构思的《归去来兮辞》誊写了一遍，自己不住地吟哦，明快的节奏与流动的情绪相应相和，自觉甚为满意。意犹未尽，又提笔写下一首诗，题曰"归鸟"：

　　翼翼归鸟，晨去于林。远之八表，近憩云岑。
和风弗洽，翻翮求心。顾俦相鸣，景庇清阴。

　　翼翼归鸟，载翔载飞。虽不怀游，见林情依。
遇云颉颃，相鸣而归。遐路诚悠，性爱无遗。

　　翼翼归鸟，驯林徘徊。岂思天路，欣反旧栖。
虽无昔侣，众声每谐。日夕气清，悠然其怀。

　　翼翼归鸟，戢羽寒条。游不旷林，宿则森标。
晨风清兴，好音时交。矰缴奚施，已卷安劳！

　　渊明就像那归鸟，逃脱了官场的樊笼，返回了
旧日的栖宿之处，真正获得了自由。

田园岁月

晋安帝义熙二年（406）春天，渊明在他的园田居里隐居，正式开启了他后半生的田园生活。

魏晋时期的隐士，已不再如秦汉的隐士那样，跑到深山老林里凿穴而居，不问世事；他们本来就是大家族出身，祖上有清要的官爵禄位可以荫庇，朝廷又有特许的田产资财可以依傍，他们尽可以选择山水绝佳之地，经营自家的庄园别墅，悠哉游哉地过着潇洒惬意的隐居生活。如本朝的大名士谢安，在他高卧东山之时，游山玩水，弋钓自娱，其实就是迹近隐居的，后来才出山为官，建功立业，名垂青史。魏晋名士大多身在宦途而心怀山林，或隐居林泉而待时而仕，仕宦与隐逸原本就是可以互相转化的人生形态，并不是绝对冲突的。

渊明的曾祖陶侃被封为长沙郡公，死后追赠大司马，可算煊赫一时。不过到渊明这一代，陶氏家族已经衰败，他不能依靠祖先的荫庇求官，也没有丰厚的财力经营庄园，他的隐居因此与高门士族悠哉游哉的"肥遁"绝不相同。渊明厌恶污浊的官场，宁肯过着饥寒交迫的生活，也不再肯出仕。他没有退避到山水之中，而是选择在乡村田园过着自食其力的生活。

渊明的此番隐居可谓是郑重其事。他已经搬离了陶家的祖宅，专门在郊野另辟了一个居所，依靠着几亩田地，凭借自己双手的辛勤劳动来养活自己，并且打定主意要息交绝游，不再与官场中人来往，一意在田园中躬耕自娱。在敬远弟的帮助下，园田居的宅舍终于修整一新。渊明现在饶有兴致地打点好自己的居宅，还要写下一组诗来好好纪念一下，题名曰"归园田居"，以下是第一首：

少无适俗韵，性本爱丘山。误落尘网中，
一去三十年。羁鸟恋旧林，池鱼思故渊。开荒南野际，守拙归园田。方宅十余亩，草屋八九间。榆柳荫后檐，桃李罗堂前。暧暧远人村，依依墟里烟。狗吠深巷中，鸡鸣桑树颠。户庭无尘杂，虚室有余闲。久在樊笼里，复得返自然。

园田居在彭蠡湖西岸的星子县，远远地可以望见庐山。这里远离浔阳城郭，是典型的江南农村，古人曾评道："《园田》诸首最有次第。其一为初回，地几亩，屋几间，树几株，花几种，远村近烟何色，鸡鸣狗吠何处，琐屑详数，语俗而意愈雅，恰见去忙就闲，一一欣快，极平常之景，各生趣味。"渊明的诗笔的确是琐屑的，他眷恋这里的一草一木，沉醉于这里的鸡鸣犬吠之声。这里的一切不再是一个简单的居所，一个劳作的场景，而是他的家园，是他安顿生命的地方，因此虽然只有一些草屋薄田、榆柳桃李等平常之景，在他眼里仍是极富情趣的。与他此前的宦海奔波浮沉相比，过往的生活无异于拘囚于樊笼之中，如今终于可以像飞鸟游鱼一样，返归于自然了，如何不叫人欣喜呢？

与他相邻的都是本地淳朴的乡民，他们整年都在土地上忙碌，只有偶尔年节时才去一趟城里。这里的村落偏僻荒远，达官贵人的车马是不会到这来的。渊明倒乐得清静，每日与乡民邻居在田野劳动、休息，有时在村中相聚，说些闲话，也不过是谈一些家常，聊一下庄稼的收成，譬如今年的稻谷收成几何？夏秋的雨水几多？东村的小伙娶了哪家的媳妇？西村的媳妇生了几斤的娃娃？……这些尽管只是些琐碎的日常闲话，但渊明觉得新鲜有趣，远比官场中那些钻营争斗之事要更亲切有味。这也算是返归自然的一部分吧？

他的日常工作就是耕种。古代的读书人能够脱下宽袍大袖，穿上农民的短衣，丢开毛笔而拿起锄头，这是很不容易的。渊明毫不介怀，他并不在意士人还是农夫的身份，只知道人应该真实地活着，不能为外在的虚名所左右。更何况勤生力耕本就是人生应有之义，岂能因耕种的劳苦而逃避这样的生活方式呢？古代的贤哲圣人都是看重农耕，甚至亲事稼穑的。《尚书·洪范》中说国有"八政"，第一项就是"食"，民以食为天，吃饭是第一等要务，衣食都从耕种中来，如此又有什么可羞愧的呢？渊明曾在一首《劝农》诗里写道：

> 民生在勤，勤则不匮。宴安自逸，岁暮奚冀！
> 儋石不储，饥寒交至。顾尔俦列，能不怀愧！
> 孔耽道德，樊须是鄙。董乐琴书，田园不履。
> 若能超然，投迹高轨，敢不敛衽，敬赞德美。

诗的大意是说，勤劳耕种才能免于衣食的匮乏，才能不依恃他人而独立自主地活着；如果耽于逸乐，贪图享受，而荒废了一年耕种的年节时机，那么到了年终的时候，就要面临饥寒交至的窘境了。孔门儒者都宣讲道德大义，而鄙薄耕稼之事，像汉代的大儒董仲舒，曾在家中发愤读书，三年目不窥园，后来的读书人都将一生的心思花在读经求学、追逐功名之上，他们渐渐疏离了土地，蜕变为不事生产、寄生于民的"禄蠹"。南北朝时有位大学者曾批评道：

> 人生在世，会当有业：农民则计量耕稼，
> 商贾则讨论货贿，工巧则致精器用，伎艺则沉

思法术，武夫则惯习弓马，文士则讲议经书。多见士大夫耻涉农商，差务工伎，射则不能穿札，笔则才记姓名，饱食醉酒，忽忽无事，以此销日，以此终年。或因家世余绪，得一阶半级，便自为足，全忘修学；及有吉凶大事，议论得失，蒙然张口，如坐云雾；公私宴集，谈古赋诗，塞默低头，欠伸而已。

渊明既绝意官场，又无家世余绪可资荫庇，当然就只能依靠自己的劳动来养活自己。他觉得只有这样才可以堂堂正正地活着，不必到官场上向人摇尾乞食，辱没人格。当然，他并非不知道农耕稼穑的辛苦，他又在另一首诗里写道：

种豆南山下，草盛豆苗稀。晨兴理荒秽，带月荷锄归。道狭草木长，夕露沾我衣。衣沾不足惜，但使愿无违。

自从辞官归隐以来，他就日夜在田间劳作。稼穑之事当然也是有学问的，他便诚恳地向有经验的老农乡邻请教，播种、除草、起垄、育苗、灌溉、施肥……每一样都仔细地询问学习，满心希望年末会有好的收成，耕种的辛劳会有丰收的回报。可是事情并非那样简单，他在庐山脚下开辟的一片荒田里，种下的豆子并没有长得苗壮，野草反倒比豆苗还要茂盛，真是叫人哭笑不得。渊明自问并没有荒疏怠惰，但为什么辛勤劳动并没有换来应有的酬报呢？他并不怨天尤人，依旧早起去田间锄地，到了暝色布满山谷，斜月挂在天边，他才满脸倦容地背着锄头回家去。弯曲的小径长满了野草，傍晚的露水都缀满在草叶之上，打湿了他的衣裳。渊明披拂着草径一步一步走回家去，看到襟袖上沾湿的水印，忽然醒悟到，世间之人以夕露沾衣之故违其所愿者多矣！人生可贵之处难道不是顺从其性，自适自乐吗？如果夕露沾衣都无法忍受，那么世间那么多生活之累就永远没有一个解脱的了局了。渊明想到这里，心中忽然无比轻松，也不再理会草盛豆苗稀的问题，原先壅塞在心头的许多烦恼都瞬间消散了，心情畅快淋漓，无法用言语讲明。

　　渊明并不怨天尤人，依旧早起去田间锄地，到了斜月挂在
天边，他才背着锄头回家去。

世间从来都不曾太平，但这一片田园却是渊明的乐土。他的心是沉静而愉悦的，尽管农事耕种令他筋骨疲乏，但精神世界是充实而满足的。回首仕宦之路与功名之志，再审视如今每日在乡间的生活，荣辱得失，已不再重要了。他只觉得，田园里有无尽的清风明月，有春鸟秋虫，有流云烟雨，还有妻儿的陪伴笑语，邻里的淳朴情意；纵使有农耕劳作的辛苦，有饥寒交迫的阴影，有国事变故的忧虑，但田园里一切充满人间情味的现实温暖，已足够抚慰他的生命，足够酬报他辞官以来的人生选择了。

他对自己亲手修建起来的田园草庐也充满了眷恋，半生漂泊，心情倦累，只有这数间草屋能使他身心休息，安顿于此。到了春夏之际，草屋周遭的树木已经蓊蓊郁郁，一片葱翠，湖面送来清风，使庭院凉爽惬意。渊明忙完了农活，趁着夕阳还未落下，晚霞正洒满庭前的时候，吩咐几个孩儿扫除空地的落叶，洒些清水扑落尘土，然后搬来一张躺椅靠在树下，闲情满怀地翻一翻《山海经》，给孩子们讲讲那些神怪奇异的故事。妻子摆出晚餐来，一家人便围在一起吃饭，有说有笑。餐桌上是新打的粮食，盘盏里是菜园子里新采摘的菜蔬，渊明呷了一口春酒，感叹生活如此，还有什么不满足的呢？

天有不测风云，老天爷有时候也会调皮一下，时不时地丢给人一些困难险阻，然后得意地看人如何去应付。晋安帝义熙四年（408）盛夏的一天，天气炎热，渊明在田里干完了活，正在大树底下休息，邻居忽然慌张地跑来，大叫道："陶先生！快走！家里失火了！"

渊明慌忙跟着回家来，只见半边屋宇已着了火，草屋经盛夏阳光的暴晒，早已干燥易燃，加上正刮着东南风，风助火势，一下就吞没了大半个宅院。妻子搂着几个孩子，瑟瑟缩缩地躲在墙外的树下，几个乡邻都相帮着提着水桶来救火，可是哪里救得住？也有几个胆大的，冲进火场里，想要抢救出一些家伙什物出来，几箱书，几条被子，还有一些杂物算是保住了，但是房子却烧了个干净。人们忙乱地来往取水，呐喊着浇水灭火，乱糟糟吵成一团乱麻，几个时辰下来，火总算被扑灭了，只剩下焦黑的墙壁和没烧完的屋檩还在冒烟。

渊明赶忙去照看妻儿，见他们都安然无恙，才放宽了心，又去看看余烬，感激邻里的帮忙。园田居尽管狭小简陋，只是乡村农舍一般的规模，但渊明为之倾注了不少心血，将它视作人生的新起点和新家园，如今竟因火灾毁于一旦，他心里既悲伤，又痛心。自从辞官归隐以来，生计的艰难就时时逼近，如今又遭遇这场祸事，家里的光景越发显得黯淡了。渊明一边安慰妻子，一边收拾着残物，在屋门外的大树下安顿好家人，暂且栖身，营造新居的事只能慢慢再做打算。

渊明回想他这半生的行迹，自信仰不愧于天，俯不愧于人，抱定了耿介的性情浮沉于世路之上，遭遇了许多波折与坎坷，最后才坚定了后半生的人生志愿，想不到一场大火轻易地就将他的田园梦想摧毁了，这也许是上天给他的一次逆境的考验吧！生活本来就充满着各种困难，这么多年的磨砺尽管让他的生命趋于衰老，但心灵仍然纯净真诚，没有为世俗欲念所玷污；他坚信自己的禀性贞刚，比玉石还要坚固顽强，些许挫折困难是不会动摇他隐居的决心的。既然想到这里，他的心重新归于平静，也不再为园田居的焚毁而感叹伤怀了。生活还要继续，不如仍旧朝起暮宿，勉力前行吧。

敬远弟听说陶宅遇火，赶忙过来问候，帮忙照看家人，又费尽心力地帮渊明寻找新的定居之处。经过多番访查，终于决定在一个叫南村的地方另觅新居。南村在浔阳城郭西郊附近，此地近于通衢，交通便利，只不过房舍异常简陋，仅容屋檐蔽身而已，远不如园田居的"方宅十余亩，草屋八九间"。不过渊明卜居南村，倒并不是看重它的地理位置，而是四邻都是他愿意结交的"素心人"。所谓"素心人"，是指他们性情淳朴、心地善良；渊明厌倦于官场的营私角力、人情险诈，因此更愿意与素心人交往生活，何况他们大多并非纯粹的乡民农夫，而是颇有文化修养的读书人，他们跟渊明一样看不惯官场黑暗，不愿招惹政治是非，才隐居在乡村。渊明可以跟他们一起喝酒聊天，抗言时政，高谈理想，"奇文共欣赏，疑义相与析"。渊明很满意新居的人事环境，经过简单的修整筹备，一家人很快就搬到南村安顿下来。他还专门写了两首诗来纪念迁居之事，其一云：

  春秋多佳日，登高赋新诗。过门更相呼，有酒斟酌之。农务各自归，闲暇辄相思。相思则披衣，言笑无厌时。此理将不胜，无为忽去兹。衣食当须纪，力耕不吾欺。

  渊明的心重新恢复了沉静。现在回想起来，园田居的火灾只不过是人生长河当中的一个小插曲，生活中免不了各种各样的艰难困苦、逆境挑战，但人却不能被打败，生活始终是要继续的。他现在更加珍惜田园生活的每一刻，春秋佳日，应该用全部身心去领取感受，不可辜负了上天的善意。他现在仍旧每日去田间耕种，不敢丝毫懈怠，筋骨疲累之际就饮酒自娱，闲暇时与那些素心人邻居一起谈笑，以消遣时光。他此刻坚信，依靠自己双手的辛勤劳动，来营理家人的衣食所需，这才是最踏实的人生状态；衣食之事虽属平常，但未尝没有人生的至理寄寓其中，反观往日在官场中的汲汲所求，真如浮云在空，风吹无迹，再没什么意义了。

与渊明卜邻的这些素心人当中，有的是甘愿埋首乡间寂寂无闻，有的则是暂居林下待时而动，他们各有各的抱负，亦各有各的时运，因此也不必强求每个人都有一致的出处选择，只求此际的交往各适其性，便足可安慰隐居的生活了。其中有位叫做殷隐的，是渊明极好的朋友，自从渊明搬来南村，便与他志趣相投，经常一起拄杖闲游，或是对谈畅饮，自夜达旦。殷隐原先做过晋安太守，后转任南府中郎将的长史，因南府中郎将镇守在江州，殷隐便将家人安置在浔阳城附近暂住下来，与渊明做了邻居。后来殷隐又改任太尉刘裕的参军，将要去京城赴任，不日就要将家小迁去，渊明深感往日友谊，特地赶来置酒相送。

渊明首先说道："真想不到我们做邻居才一年，就要分别了。"

殷隐也感叹道："是啊，只可惜职在官府，身不由己啊。"

渊明道："当初你我订交，过从甚密，遇酒清谈，不知疲倦，这样的欢乐，神仙也不及。你将要去京城任职，太尉如今权势已盛，只怕幕下公务繁忙，人事倥偬，想要再像如今这般自由，恐怕不可能了。我们此后也很难再见。"

殷隐道："愚兄资质愚钝，贪恋禄位，明知宦情险恶，仍不敢抽身而退。反观老兄潇洒归去，勇敢果决，实非愚兄所能及。"

渊明摆摆手道："人各有志，岂能类比？只希望殷兄此去，千万保重。"

殷隐道："莫怪愚兄多言。如今朝廷暗弱，太尉得志，已兆天命，明眼人都知道，世道就要变换了。陶兄与太尉颇有旧谊，朝中亦多有相熟之士，这正是志士奋起、建功立业之时啊，陶兄志趣高洁，见识精微，为何不趁此良机做一番事业？何苦沉沦草野，埋没无闻？"

渊明叹了口气，他于刘裕在政治立场上是颇不认同的，当初他以英雄许之，是寄希望刘裕能安定朝野，恢复秩序，为天下百姓多谋福祉，可他也渐渐清醒地意识到，刘裕与司马道子、桓玄等人一样，都怀着不可告人的政治野心，在乱世里恃势求尊，觊觎那至高无上的权力。历朝历代的野心家都一样，仁义道德拿来做遮羞的把戏，背地里为权力不择手段，这样的政治太令人寒心了，所以他才矢志归隐田园，绝不再接受朝廷的一官半职。

他喝了口酒说道："罢了，世道将变，我只好在田园中了却余生，此志决不改悔。殷兄，当此离别之际，不如喝酒吧！"

殷隐默然，知道渊明绝不会动摇心意，只是出于私交情谊才来饯别的，于是举杯道："既然如此，就满饮此杯吧。陶兄不妨写首诗赠给我，权当饯别之礼。"

渊明正喝到醺然，心中满是惜别之情，欣然拿起笔，命人研墨铺纸，自己沉吟片刻，便一挥而就，边写还边吟唱起来：

游好非少长，一遇尽殷勤。信宿酬清话，益复知为亲。去岁家南里，薄作少时邻。负杖肆游从，淹留忘宵晨。语默自殊势，亦知当乖分。未谓事已及，兴言在兹春。飘飘西来风，悠悠东去云。山川千里外，言笑难为因。良才不隐世，江湖多贱贫。脱有经过便，念来存故人。

渊明始终是性情忠厚，他并不因为殷隐与自己观念不合而对他就职刘裕参军横加指责，只是写诗委婉地向他表明，每个人各有选择，不必强人从己，亦不必违己从人，贤良之人自然要施展身手，去争取官爵禄位，但江湖上自然也有一些人默默坚守己志，宁可安于贫贱的生活。语默殊势，仕隐分途，谁的选择更有意义？恐怕只能交给时间去裁决了。渊明将这首诗缓缓唱完，饮尽了杯中残酒，头也不回地就自告辞了。

庐山慧远

渊明爱酒，也许是遗传了外祖父孟嘉的基因。他对酒中之趣颇能了解，因此时时举杯品尝，每喝到醺然之处，便矫首去观赏天边的流云，谛听黄昏的鸟鸣，或是抚弄篱边的丛菊，会心微笑，欣然自适。其中的滋味，无法用言语告诉他人，旁人也很难去了解他沉醉酒中意的真正感受。渊明酒量不大，有时浅尝辄止，有时则尽意一醉而后已，全凭一时的兴之所至，但因为家贫，酒不能常得，只能喝一些村酒家酿，甚至有时只能举着空杯聊自把玩一番。妻子翟氏常劝渊明戒酒，以为喝酒伤身，又会误事，总是喋喋不休地要来夺走他手中的酒杯，渊明哪里肯听呢？依旧从储存不多的粮食中分出一部分来酿酒，酒酿熟了，便迫不及待地想要尝新，来不及过滤掉酒中的醪糟，就索性解下头巾来滤酒，兀自畅饮，旁若无人；妻子看了直摇头，然而也拿渊明没办法。

渊明喝醉了酒，极爱写诗，醉墨淋漓地写下，也不管别人是否欣赏得了，只求心中快意即可。他最有名的饮酒诗是下面这首：

> 结庐在人境，而无车马喧。问君何能尔，心远地自偏。采菊东篱下，悠然见南山。山气日夕佳，飞鸟相与还。此中有真意，欲辨已忘言。

"真意"就是醉酒的奥诀，是对自然大道、生命真谛的洞明了悟，是对他依托田园的人生归宿的欣然礼赞，此中真意无法晓谕他人，只有他的内心才能真实地感受得到。回想起往日在官场的辗转浮沉，在名利是非中的痛苦挣扎，现在的他才真正寻找到了自我。

渊明也爱山水，本朝名士以性乐山水为尚，游览之风十分盛行。渊明经常与友人一道周游江州的山山水水，有时也会拄杖独行在乡村田野之间。浔阳附近最著名的当属庐山，庐山诸峰秀丽奇绝，天下闻名，引来不少文人墨客前来踏访。渊明有位好朋友叫刘遗民，曾做过柴桑县令，后来桓玄篡逆，战火纷飞，刘遗民便弃了官，跑到庐山隐居起来。他经常邀请渊明一道游玩庐山，山中的山寺林亭处处都留下了他们的足迹。

某日，刘遗民带着几个朋友忽然下山来访，令渊明颇感意外。渊明非常高兴，提了一个食盒，装了几样冷菜，又携了一壶酒，拉着刘遗民等人到田野中去闲走一番，顺便也说说闲话。其时春明景和，惠风和畅，朝阳从薄云中透出来，将一片绿野照拂得青翠欲滴，众人大感欢畅，慢慢地朝旷野无人之处走去。远远望见庐山的峰峦自云雾中挺拔而起，令人悠悠怀想。

渊明首先说道："刘兄养志闲处，栖遁庐山，今日缘何返回人间？"

刘遗民道："陶兄说笑了。我素有山林野性，只因国家多难，宦情淡薄，因此改了名字，唤作遗民，意思是国家遗弃之民，因此遁迹庐山。远不如陶兄你虽坚志归隐，仍扎根田园之中，平和安乐，令人羡慕啊。"

渊明笑道："稼穑农夫，何足羡慕。不过是努力过好自己的生活罢了。想当年我与你，再加上周续之三人，一道隐居，人称'浔阳三隐'。如今你与周续之都入了庐山，唯独我尚在凡尘，不知你们最近境况可好？"

刘遗民道："我与周续之已经拜入庐山东林寺慧远大师门下，做了佛门俗家弟子了。"

渊明哦了一声，似乎并不感到十分奇怪，接着说："听闻庐山最近热闹得很，其中有些什么故事，刘兄可为我仔细讲讲。"

众人走到一处宽敞之地，前有溪流，后有柏树，溪边绿草如茵，正宜席地而坐。树下不远处却是一座坟墓，只有隆起的墓冢与歪斜的墓碑，墓冢上疯长了野草，墓碑上的刻字也已模糊不清了，看来是一座颇有年头，而且也少有人来祭扫的古墓了。眼下阳光明媚，万物滋长，一派欣欣向荣之意，即使有一座坟墓在旁，似乎也不会让人觉得惊心可怖。

渊明道："此处甚为平坦，有树荫遮头，有流水净手，幕天席地，环境甚佳。虽有墓冢在侧，然而也不妨你我饮酒谈天，刘兄你觉得可好？"

刘遗民道："古诗云：'古墓犁为田，松柏摧为薪。'区区一座坟墓，有什么可忌讳的？此地很好，就在这里歇息一下吧。"

几个人便在绿草上随意坐了，打开食盒，拣出几样菜食，又把酒来斟满了。魏晋间名士喜好放达，淡看生死，在欢乐的筵席上高唱挽歌便是当时流行的风俗，现在他们坐在墓冢之侧饮酒，地下是沉埋黄泉的枯骨，眼前是生意盎然的大自然，正是警醒人生的绝佳场景。刘遗民虽未剃度，但已做了佛门俗家弟子，便不饮酒，只是相陪着吃菜聊天。渊明自顾自地满饮一杯，又接着说话。

刘遗民道："陶兄可认识慧远法师吗？"

渊明道："我听闻慧远法师是大德高僧，学问渊博，远近闻名。只是无缘得以结交。"

刘遗民道："我有缘得入大师门下，陶兄若有意入山，我可以中间接引。"

渊明有些迟疑，接着问："我于佛门中事，素无了解，刘兄既已为法师座下弟子，可为我讲讲法师的来历事迹。"

刘遗民慢慢说道："我侍奉法师时日尚浅，但有不少事听法师及其他弟子讲过，所以也能知道大概。法师俗姓贾，是山西雁门人氏，少时聪颖好学，遍读群书，曾随舅父游学洛阳，博通六经，又精老庄之学。据法师回忆，那时他听说晋朝的名儒范宣隐居在豫章，收徒讲学，他曾打算前往拜问，由于南北阻隔，加上后来中原战乱，道路阻绝，南行之愿无法实现，就前往太行恒山。当时有位道安法师在恒山讲《般若经》，法师一听即悟，还感叹道：'我曾经沉浸于儒道的典籍之中，以为天下的学问尽在此矣。现在看来，孔孟老庄只不过是应变之虚谈罢了，若要论及沉冥之至理，岂不应以佛法为先？'于是立志皈依佛法，在道安法师门下剃度出家了。"

渊明道："如此说来，慧远法师早年间也是志在儒学的，只是后来才转入佛门？"

刘遗民点头道："是的。法师经常对弟子说，佛法广大，不可思议，世间最高的道理都在佛经中可以获知。我也是因此才听从师父的训诲，立志改投佛门的。"

渊明又问道："后来又如何？"

刘遗民接着说："法师在道安门下，勤力修行，遍读经藏，立志以弘扬佛法为己任，极得道安法师的看重，不久就能在法师座下给其他众位弟子讲经了。慧远法师不但精研佛典，而且善于征引道家典籍来解释佛经的深奥之意，触类旁通，娓娓而谈，而听者也都豁然畅明，听之忘倦，由此道安法师特许法师可以征引外典来讲经，慕名前来问学之人络绎不绝。"

渊明心中大感崇敬之意，赞叹道："自汉魏以来，天下丧乱，书籍散佚，学术不振。本朝士人口尚虚谈，学问粗疏，根基浅薄，圣贤先哲之书更是无人问津。想不到佛门中竟出了大师这样聪慧之人，实在难得！"

刘遗民道："法师神明英越，聪颖过人，又兼勤学苦修，很快就在道安门下崭露头角，在北方佛教界也渐渐知名。后来道安率领弟子前往襄阳，意欲将佛法传布南方，恰逢伪秦兴兵寇掠，边界骚动，道安法师被襄阳太守朱序挽留，不得离境，于是不得已之下，只得分散诸位弟子，让他们传法四方。道安对慧远法师寄予厚望，法师含泪拜别，率领弟子数十人南下荆州。初欲往罗浮山，行经浔阳时，见庐山清静，足以息心，于是驻锡于龙泉精舍。四方之士听闻法师之名，都前往庐山问学，前江州刺史桓伊于是为法师建造了东林寺。东林寺背靠庐山诸峰，尽览泉石之美，寺中遍植松柏，白云满室。观者见法师神情淡泊，讲经不绝，无不为其超凡脱俗的气度折服。"

渊明叹道："原来法师与东林寺有此一段曲折的经历！听说法师谨守声名，高自标持，足迹不出庐山，亦不肯轻易与人结交，可有这回事？"

刘遗民道："法师名声虽高，却并不以名自矜。朝廷曾多次降诏邀法师前往京城，甚至营造佛寺以待，他都不肯应召前去。桓玄篡逆时，曾以武力胁迫法师下山，法师亦不肯屈服，最后还是桓玄亲自上山拜问。前荆州刺史殷仲堪曾上庐山，与法师论《易经》，深为法师的学识折服。本朝士族以陈郡谢氏门第最高，谢氏子弟中以谢灵运才气最大，谢灵运通晓佛理，聪慧善辩，慧远法师与他相交甚密，却并不因他的身份地位而有所改变。"

渊明道："法师身在空门而不事王侯，不屈强权，当真可钦可敬！"

刘遗民道："法师在庐山近三十年，聚徒讲学，传译佛经，影响遍及南北僧俗各界，实近世以来所罕见。前不久，慧远法师会同座下僧俗弟子一百余人，在精舍无量寿佛像前建斋立誓，共期西方佛国极乐世界，此乃东南佛界一件大事。陶兄见识精深，又情志高逸，何不就此随我共入庐山，列名法师座下，一观此地人物精英荟萃之盛事？"

渊明颇有些踌躇，歉然说道："我与佛门素无交往，岂敢冒然预名盛会？且不知佛法宗旨概要若何？"

刘遗民道："佛法精深广大，难以尽述。慧远法师常言，凡人形体虽尽，但精神不灭，譬如薪尽火传，而神明永存。故有前世之因，结来世之果，因果轮回，报应不爽。若人能够虔心念佛，注心西方，必能脱离苦海，往生净土极乐。因此，门下僧俗弟子才会立誓发愿，诚心追随法师左右。"

渊明已明晓刘遗民此行的来意。渊明常住庐山之侧，对此地流行的净土佛教多少有一些了解，对慧远法师无疑也是十分尊敬的，然而他的内心之中，却并没有丝毫想要皈依佛法、离弃人间的意愿。早在汉朝时，佛教西来，流遍中土，近百余年广为传播，但并没有完全俘获读书人的心灵。渊明自少时起便熟读儒家经典，成年后亦喜好老庄等道家学问，儒道思想构筑了他学问的基底，也陶冶了他性情的模型。他觉得，诗书礼乐等传统文化的滋养，已经足够他安放自己的精神生命了，自然也就没有必要去向外寻求什么极乐佛国来寄托灵魂。对于慧远法师所宣讲的"形尽神不灭"，他也是大加怀疑的。中国人自古以来的观念是神宅形内，形神相依，形体既然朽烂死亡，精神也就随之消散，鬼神之事，孔夫子存而不论，才会有"未知生，焉知死"的名言。极乐世界虽然美好，终嫌虚幻，现实世界尽管悲欢苦乐杂而有之，但这才是人所能够把握的真实的所在，才是人所不能舍弃的根本。他觉得，生当乱世，人生本来就很不幸，而读书人更应该有所坚守，能够在沧海横流之际拥有独立思考的眼界和不可侵犯的人格，这才是人之所以为人的可贵之处。

渊明对刘遗民的善意邀请颇感矛盾，一方面不愿辜负了他的好意，一方面又不能违背自己的内心去接受一种截然不同的人生观念和生活方式，便解释道："我听说佛门戒律甚严，荤腥酒肉都要戒除。偏偏我性情散漫，不愿受到约束，又爱酒成癖，难以自律，只怕搅扰了佛门清净，有损法师的清誉，那可就罪过了。"

刘遗民还要坚持，便说道："戒律之事，只是为了证明向佛之心诚而已，诚心修行，万难可破。何况……"

渊明笑了笑："刘兄的好意，我会好好考虑的。你看今日天气绝佳，美酒在手，良朋在座，赏心乐事，何不趁此欢乐？"于是一手端着酒杯，一手敲起筷子，慢慢地唱出诗来：

今日天气佳，清吹与鸣弹。感彼柏下人，安得不为欢。清歌散新声，绿酒开芳颜。未知

渊明一手端着酒杯，一手敲起筷子，慢慢地唱出诗来。

明日事，余襟良以殚。

刘遗民细细品味诗中所言，也知道渊明的态度了。于是不再强言什么，众人尽欢而散。渊明自回家去，刘遗民等人则重新上了庐山。

数日之后，刘遗民寄来一封信，重申了此前邀请的意愿。渊明郑重地回了信，还附了一首诗在后面。信中的大意是这样的：承蒙刘兄多番诚心相邀，共聚庐山，拜会慧远法师，我内心着实感激，但为何一直迁延犹豫呢？只是缘于我舍不得离弃亲人友朋，不便身入佛门。我归隐田园，只是看不惯官场的污浊与政治的黑暗，但并不弃绝现实人间；人生悲欢相杂，苦乐相循，然除此之外，还有什么足可寄托？私心以为这与刘兄所讲的净土法门大有不同。刘兄！我每日在田园中耕作劳动，得酒便饮，困来即眠，心中踏实安乐，因此别无所求。世事变幻，岁月流转，你我终不免衰老死亡，各自珍重吧！百年之后的声名之事，又有谁能管得了呢？兄在庐山，精研佛义，修身养性，他日必有所成。

如能不忘我这老朋友，下山来闲叙旧情，也是人生一大乐事。

诗里又说道：

> 大钧无私力，万理自森著。人为三才中，岂不以我故！与君虽异物，生而相依附。结托既喜同，安得不相语！三皇大圣人，今复在何处？彭祖爱永年，欲留不得住。老少同一死，贤愚无复数。日醉或能忘，将非促龄具！立善常所欣，谁当为汝誉？甚念伤吾生，正宜委运去。纵浪大化中，不喜亦不惧。应尽便须尽，无复独多虑。

诗是专为慧远法师"形尽神不灭"之义而发的。慧远为了宣扬信奉佛教可以超出三世轮回，免除因果报应，进入净土极乐的教义，因此费尽心力去证明人的精神永恒不灭，并不依恃肉身的消亡。凡俗之人惧怕死亡的来临，希冀在极乐世界获得解脱，因此极易相信佛教教义，变成虔诚的宗教信徒。渊明却清醒而理性地说，人都是要死去的，老少贤愚概莫能外，这是不可违背的客观规律，也是不容置疑的无情事实；真正通达生死的人应该直面这个规律与事实，将自我的生命交付给自然之道，生便积极踏实地生，死便坦然平和地死，又何必为此牵扯出无穷的悲伤与烦恼呢？人若能参透这一关头，便是无上的勇气与智慧，以此指导每一天的为人行事，便足够领会人生的真义，因此又何必去期望那个虚幻的极乐天国呢？

商山四皓

义熙十三年（417），时节已经过了八月，凉爽的秋气在整个江州城内弥散开了。城门外官道两旁的柳树下，行人渐渐多了起来，有赶脚的行商，有谋食的贾客，当然也有公干的官吏和游学的士子，他们熙来攘往地贪趁着早行的凉意，不停地奔波在这条名利之路上。

远处传来一阵急促的马蹄声，三两骑人马从官道尽头奔驰而来，又骤驰而去，扬起阵阵尘土。行人尽皆避让，退缩在路旁的黄尘影里，听得那些人在高喊着："捷报！捷报！"

众人在惊惶未定之余，纷纷讶异着这捷报所指何事。有些消息灵通、见过世面的人就得意地向众人宣告："诸位还不知道吧？朝廷北伐，太尉大军破了长安了！这必是京城派来知会州府的驿使。"人群中爆发出惊奇的喝彩，七嘴八舌地议论起来："大军去岁出师，到现在一年多了"，"想不到这么顺利拿下了长安"，"太尉天威，必是所向披靡，战无不克啊！"

人们正兴奋地谈论这些重磅新闻时，却也总有些愣头愣脑的青年，挤在人堆里，要煞一煞风景地茫然发问："长安是哪里啊？"那些颇有见识的便面露鄙夷之色，有的老者则只是摇头叹息。

其实也不必苛责愣头青年的愚钝和鄙陋，因为本朝自永嘉南渡以来，偏安江左已有百年了，所谓中原陆沉，京洛丘墟，只不过是老辈人的惨痛记忆。南迁侨居的新一代，早已消磨在江南的吴侬软语和明山秀水之间，忘却了父祖辈的国恨家仇，安安稳稳地在南方扎下根来。百年间朝廷虽不乏北伐的呼声，实际行动却总是中道而废，南北对峙的局面一直延续至今。对于这些青年来说，长安洛阳只不过是一些遥远得不可触摸的地理名词罢了，大军破了长安，又如何呢？

升斗小民很快就穷尽了这个时事话题的兴趣，官道上尘土渐渐平静，人们重新恢复熙来攘往的状态，继续不停地奔波在这条名利之路上。

然而，对于其他人来说，"大军破了长安"，无疑又是一条通往名利的捷径。

京城驿使的捷报很快就传开了，江州府衙里闹嚷嚷成了一锅粥，有说要奏报贺喜的，少不得要抄录一篇妥帖的贺表上奏朝廷，有说要筹措粮饷的，恐怕大军会有远征西凉的壮举，有说要备办筵席的，大军日后凯旋要举行庆功宴会呢。州民们可管不了这么多事，他们只是担心，战事连年，往后的徭役赋税可能就要更加艰难了，明眼人都瞧得出来，太尉威权日重，此番建此莫大的勋业，朝廷恐怕不成其为朝廷了！

渊明这几日心里也一直不平静。他仍像往常一样去田间劳作，拾掇庄稼，但时刻关注着外界的消息。自去年大军出动，前线的战况零零碎碎地也都有所耳闻，只是详情不得而知。本朝积弱偏安，无力整顿乾坤，士大夫又醉生梦死，毫无恢复之志，像如今这样远伐敌国、直破长安的军事胜利，可谓绝无仅有。长安收复，九州一统，也许，天下时势将要大变了吧？

天下将变，本不可违逆，但世间仍有无可奈何之事啊！渊明不由得一声长叹。

正想着，门外一位故人忽来拜访，原来是同乡好友羊松龄。他高声大笑道："渊明兄！大喜了，大喜了！"说着就拉着渊明的手腕往外走。

这位羊松龄在本地也算得上一号人物，早年间与渊明性情相投，常常邀他一起喝酒，有时即使不认识酒席的主人，也欣然就坐，酣醉之后便飘然离去。二人经常携手四处游玩，江州附近、庐山周边的山林旷野都留下了他们的足迹，也流传开了他们的高名。只不过，后来二人志趣歧异，渊明绝意功名，矢志归隐，羊松龄却一直想要在仕途上有所成就，去年新任的江州刺史、左军将军檀韶前来履职，羊松龄想方设法在左军幕下谋得一个职位，现任长史。现在这羊长史颇有些春风得意，不过待渊明仍是极友善的，知道他秉性不亲官府，但还是常常邀他喝酒，有时也谈及自己从军幕里听来的前线消息。

渊明被羊长史拉着往外走，急切地问道："羊兄，何事大喜？"

羊松龄说："朝廷大军破了长安，早上刺史大人接到京城的邸报，这回消息实准了。"

渊明脸上面无表情，欲言又止。羊松龄急急地说："走走！喝酒去！坐下来慢慢说。"

二人到街边酒馆拣了个清静的座儿，摆上几样简易菜蔬，又端上一壶酒来。互相斟满之后，羊松龄便说道："此番大军深入秦境，连战皆捷，眼下又克复长安，天下一统之日，指日可期啦。"说完就满饮一杯。

渊明微微颔首，说道："自中朝南渡，南北分隔，如今已经百年了。本朝数次北伐，均功败垂成，想是胡虏气数未尽。"

羊松龄道："如今太尉英明神武，此前广固之役，擒杀燕主慕容超，山东、河南尽皆归附。这次平定关中，不久挥兵西进，直捣河西，我朝旧疆尽可恢复了。"

渊明饮了一杯，眼中似乎泛着亮光，慢慢说道："你我生当此世，不知是幸运还是不幸？"

羊松龄问："此话怎说？"

渊明道："我年轻的时候，时常追慕上古三代的民风淳朴，治政清明，恨不能追随黄帝、虞舜。所以平日读书，总是留意历史上那些圣贤的言行教诲，书中所记载的许多故事，使我无限遐想。年少时也曾轻狂发梦，想要仗剑行游，走遍天下，北上幽州，西到张掖，去结交四方英豪，拜访圣贤的遗迹，瞻仰中都的繁华。可是本朝南北分隔，关河险阻，不可逾越，就只能在书籍里神游，难免会有很多遗憾。这便是你我生当此世的不幸了。"

羊松龄笑道："那么幸运的是什么呢？"

渊明道："国家衰弱，赖有力者起而扶持之，整顿纲维，再造乾坤，天下所瞩目的，除了刘太尉，谁还能作第二人想？此次太尉若能一鼓作气，扫平关陇，使九域合一，造福万民，那可算莫大的功德了。"

羊松龄点点头道："这就是我们的幸运了吧。"

渊明举着酒杯，并不答话，只慢慢呷了一口

酒，又问道："如今统帅大军的，不知是哪位将军？"

羊松龄答道："太尉此刻领军坐镇潼关，先锋是龙骧将军王镇恶和冠军将军檀道济。这位檀大将军，正是本州刺史檀大人的弟弟。"

渊明道："檀将军忠勇过人，我素闻其名，好生钦敬。听闻去年破洛阳时，官军俘虏了四千多秦兵，有人提议坑杀降卒以震慑北人，檀将军说，王师吊民伐罪，正在今日，岂能妄加杀戮？于是尽皆释放遣还。洛阳父老无不感奋欢欣，因此百姓多有归附者。太尉身边若多有如檀将军这样仁勇兼备的帮手，不愁大功不成。"

羊松龄笑眯眯地说："檀大将军功勋卓著，我们刺史檀大人少不得也要跟着加官进爵哩！"

渊明又问道："这位先锋王将军却又如何？"

羊松龄道："说起这位王将军，着实了不得，乃是苻秦丞相王猛之孙，苻秦败亡之后，流落归晋。此人勇武兼备，果决能断，因屡立战功，为太尉所赏识，此番北伐，命为先锋。破长安一役，王将军身先士卒，功勋最著，太尉称他为本朝冯异，倍加褒奖。"

渊明听罢，心里一阵冷笑："刘太尉夸王镇恶为本朝冯异，岂不是自比当代光武吗？"

羊松龄倒没有觉察渊明心中所思，接着说："只是这王将军私下未免有些贪贿放纵的毛病，克复长安之后差点闹出一场风波来。"

渊明停杯细问，羊松龄道："王将军孤军深入，率先进入长安，未等请示上谕，就私自封存了姚秦宫中府库，侵吞了不少金银玉帛，据为己有。好在太尉宽宏，未加责罚，还晋封他为征虏将军。可这下也让不少人眼红心热，于是就有流言散播，说王将军暗地里收藏了秦主姚泓的车辇仪仗，将有异志。太尉闻讯大怒，立即派人监视王将军的一举一动，风声闹得相当紧张。"

渊明脸一沉，说道："将帅相疑，以利相攻，此非大军之福，也非国家之福啊。"

羊松龄道："后来才知晓，王将军原来不过是个贪财鬼，他将帝辇私占了去，只是剔取上面的金银，却把车辇丢弃在路旁不问。太尉得知以后，方才放下心来，就不再追究下去了，流言也就自行消散了。"

渊明曾在刘裕幕下任职，深知其雄才大略的枭雄手段，眼下权势日盛，自然容不得他人染指最后的权力宝座，所以才如此疑忌王镇恶私藏帝辇的不轨之举，却对其贪赃枉法之事姑息纵容。所谓王师专征、吊民伐罪的堂皇旗号，最后也不过沦为野心家经营私利、树立威信的权力交易，可是外人对这些却并不能看得分明，还陶醉在九域一统的胜利谎言里，真是令人寒心啊！如此说来，中原人心的归宿，中朝旧疆的命运，落到这帮人手里，结果如何，大概也可想而知了！

渊明正在沉吟，羊松龄举杯一碰，高声说道："眼下形势甚好，大军不日凯旋，太尉之功，可谓再造晋室，这正是有志者奋力进取之时啊，陶兄岂不有意乎？"

渊明明白他的意思，却故意不答话，只是追问道："大军就要凯旋吗？刚刚平定关中，根基未稳，如何不仔细谋划，选拔良臣猛将，好生镇守？"

羊松龄答道："眼下还未有明确消息。太尉不日即将进入长安，后续可能会有安排吧。今天的驿使说，太尉再次上表请求迁都洛阳，如今克复长安，不知当今圣上会如何裁夺？"

渊明明白，刘裕请求迁都是假，逼迫朝廷给自己进爵封赏是真，往后这朝廷里的事，渐渐就有眉目了，天下将变的局面也就要来临了。想到这里，渊明饮满一杯，眉头紧缩。

羊松龄见渊明并未回答刚才的话，又来撺掇着说："不才蒙刺史大人提携，收在帐下做了长史，常思机会以图报效。眼下正有个绝好的机缘，朝廷听闻太尉克复长安，功在社稷，着令州府遣使称贺，宣慰前线将士。因檀道济将军的关系，刺史大人有意将这个差使给我。小弟想来，陶兄也曾与太尉有旧，此番如能借重兄的文名，草就一道贺表，随我一同奉使秦川，既能结恩太尉，官场升迁，又能踏访中州，了却夙愿，岂不两全其美？"

渊明这才明白今天他来拜访的真正目的，不禁哑然一笑："羊兄，我归隐多年，早已无心这仕途名利上的事了。我供职太尉幕下，已是多年前的旧账，如今只是草野鄙人，不敢再奢望什么。太尉此刻如日中天，自有他的一番造化。今天与兄畅论时事，又讨了酒喝，着实高兴，其他的事就无需再提了。"说罢摆摆手。羊松龄还要坚持，只见渊明站起身来，脸色浮起微微醉意，向他道了别，便歪歪倒倒地回家去了。

又过了数日，州府任命羊松龄奉使劳师的命令正式签发了，连日整备行装，将要出发。临行前，羊松龄又来拜访渊明，渊明却以身感微恙，推脱不见，还让人送了一封信来转交给羊松龄，信中说道：欣闻我兄奉使秦川，劳慰前线将士，吾兄其勉之！兄大概自江州溯江而上，经襄阳，过武关，入关中。我兄如路经商山的时候，不妨稍稍停留片刻，代我致意四皓庙里的四位先贤。我听说秦末天下大乱，四位隐士隐居商山，义不出仕，到汉高祖刘邦平定天下的时候，四者已经须发皓白了，因此赢得了"四皓"的美名。四皓不事王侯，高尚其事，正是伯夷叔齐一流的人物，我兄岂不有意乎？只怕年深日久，四皓庙早已倾颓，世事沧桑变化，四皓的精魂早已荡然无存了吧？自秦汉以来，代有征伐，兵强马壮者力争天下，而四海生灵惨遭荼毒，世上恐怕没有人还会记得四皓的名字，铭记他们的贤德；商山的深谷里也已荒芜不堪，紫芝无人采摘了。羊兄！大抵世间富贵，不足以抵偿祸患，贫贱之士，反得以娱其终身，吾兄其勉之！四皓如今既不可见，则当下之时运乖违，我已看得清醒透彻了。因此临行赠别数言，望兄能谨记之。

信末附了一首赠行诗，题名道"赠羊长史"：

愚生三季后，慨然念黄虞。得知千载上，正赖古人书。圣贤留余迹，事事在中都。岂忘游心目？关河不可逾。九域甫已一，逝将理舟舆。闻君当先迈，负疴不获俱。路若经商山，为我少踟蹰。多谢绮与甪，精爽今何如？紫芝谁复采？深谷久应芜。驷马无贳患，贫贱有交娱。清谣结心曲，人乖运见疏。拥怀累代下，言尽意不舒。

羊松龄看了信，又读了诗，心中一阵羞愧，但也无可如何。王命在身，不敢迟疑，只得踏马上路了。

这一年的冬天很快就来了，江州城里曾经的人心骚动、车马喧阗，很快就在瑟瑟寒风中沉寂下来。羊松龄去了数月，应该早就抵达关中，交付了差使了吧？渊明心想。

然而后来传来的消息，也逐渐证实了他的忧心。刘裕平定关中以后，迅疾撤兵回京了，据说是心腹谋臣刘穆之突然去世，刘裕担心京师有变，根本动摇，因此不敢停留，忙不迭地班师，去受朝臣的千恩万谢去了，只留下一个儿子刘义真和数位大将镇守关中。果不其然，这些将帅间因争功疑忌爆发了内讧，互相攻杀，王镇恶也死在乱军相斗之中。可怜如此勇武的将才，竟在权力斗争中枉送了性命。刘义真年少无谋，游戏无度，既不能节制将帅手下贪纵抄掠，引起关中民怨沸腾，又无法抵挡大夏王赫连勃勃的铁骑侵逼，因此渐渐支持不住，最后只能从关中撤出。可怜将士们浴血奋战赢来的胜利成果，就这样轻易草率地捐弃了，陇上流寓的汉民本来还指望王师出征，解生民于倒悬，至此都含恨失望，叹息不已。

此刻，渊明兀自伫立在自家的田园里，于暮色

渊明兀自伫立在自家的田园里，于暮色苍茫中矫首远望，
世事已糜烂至此，还能说些什么？

苍茫中矫首远望，世事已糜烂至此，还能说些什么？还能关心什么？不如长此以往，在乡间田园了此余生吧。

寄酒为迹

　　渊明越来越觉得衰老了，自归隐田园以来，忽忽已过了十余年，身体精力都大不如前；经过这么多年的阅历世事，洞察人情，他对眼前的是非得失看得越来越平淡，虽少了些壮年时期的热血气性，但无疑增多了几分睿智与深沉。他仍旧每日去田间劳作，大部分力气活儿都交给几个年长的孩子了，但他仍是闲不住，总要扛着锄头在地头走几遭，精心地护持着庄稼的生长，同时也担忧着一年的收成。家里的生计日渐艰难，有时免不了忍饥挨冻，个中艰辛患难，实在一言难尽，然而他未尝后悔当年的辞官之举，不曾动摇过扎根田园的初心。他曾写诗自我砥砺："量力守故辙，岂不寒与饥？知音苟不存，已矣何所悲？"就算世间无人理解他的选择，那又如何呢？坚定地按照自己的信念生活下去便是了。

渊明也依旧经常饮酒，酒的滋味似乎变得醇厚起来，倒不是因为酿酒的品质，而是他对世事人生的看法变得厚重了，酒中夹杂着甘甜、苦涩、酸楚、哀怨、冷冽、温和的感觉，细斟慢品之下，这不就是他一生的写照吗？有时醉后仿佛一梦，人生多哀亦复可喜，对于余生也就看得更通透了，"宇宙一何悠，人生少至百。岁月相催逼，鬓边早已白。若不委穷达，素抱深可惜"。旁人并不懂渊明为什么酷爱饮酒，以为他只是沉溺于酒，逃避世事，殊不知他将满腔心事都寄托在饮酒之中，只不过是旁人不能明了他的内心罢了。梁朝的昭明太子就说得很明白："有疑陶渊明诗篇篇有酒，吾观其意不在酒，亦寄酒为迹焉。"我们只看到渊明饮酒的"迹"，但不了解其"迹"中之所"寄"啊。

秋高气爽的时候，渊明很想去庐山走一走，舒散一下筋骨，但因为最近脚疾发作，难以行走，就雇人抬着篮舆坐了，慢慢地向山里走去。行至半途，忽见一位故友名叫庞通之的，正在道旁的凉亭里歇息，还朝着路口不时张望，见到渊明近前来，赶忙堆起笑脸出来相迎。

"陶兄！我在此恭候多时了！"庞通之立在道旁，拱手作揖。

渊明也瞧见了他，命人歇了篮舆，走下来答礼，道："这不是庞兄吗？何缘到此？"

庞通之道："我听闻陶兄要去游山，就在这半道上专程相候。"

渊明笑了笑："你的消息倒很灵通。"说着，两人就到凉亭里坐定，随从之人都在一旁歇息去了。庞通之早已端出一壶酒斟满了，渊明见有酒可饮，自然心中欢畅，也不虚礼客套，先满饮了一杯。

庞通之并不说话，又斟满了一杯，渊明还是微笑着喝了。一连喝了三大杯，渊明脸上浮现出满意之色，便开口道："故人的酒的确甘甜可口，但只怕不能白喝你的酒啊。"

庞通之赶忙赔笑道："陶兄说哪里话？些许薄酒，送来与你尝尝。难道还求什么报偿吗？"

渊明道："当真没事？那就多谢庞兄的美酒

了，今日还要去庐山闲走一遭，改日再置酒为谢！"说罢便起身要走。

庞通之面露难色，赶紧将渊明拉住，说道："陶兄且慢，再多饮几杯，听我慢慢细说。"

渊明心中早已猜到，他半道候望，又置酒款待，必有所求之事，于是重新坐下听个究竟。

庞通之又斟了一杯，才缓缓说道："陶兄是好酒之人，愚兄招待些好酒与你，本来也是我的一番心意，只不过，这番心意却不是我一个人的。"

渊明心中奇怪，便问道："如此说来，这送酒的是另有其人了？"

庞通之点头道："实不相瞒，这酒是新任江州刺史王弘王大人送来的。王大人新到江州，即访查本地贤能名士，听说陶兄隐逸高名，却恨无缘相识，只因愚兄与陶兄颇有点故交之谊，因此托我转送这些酒来，代为致意。"说着便让随从捧出两大坛酒来，摆在凉亭之侧。

这位王弘乃是琅琊王氏子孙，曾祖便是鼎鼎大名的丞相王导。王家世代显贵，门第清高，名士辈出，王弘少时好学，又以清悟知名，在朝则正直敢言，不避权奸，为时人所称赏，曾经上书奏弹名士谢灵运，辞严义正，庸懦之人无不忌惮。

渊明道："这位王刺史我并不认识，如何敢妄受馈赠？"

庞通之道："王大人礼敬名贤，知道陶兄隐居田园，不敢贸然拜访。我这里有王大人的拜帖，请陶兄过目。"

渊明接过来看了，心中却想："我早已绝交于官场中人，这位新上任的刺史大人究竟是循例问候，还是别有用意？还是看看情况再说。"

庞通之道："王大人到任江州，全是当今刘太尉的安排。陶兄当年亦与太尉有旧，如今朝中之事，恐怕就要有大变化了，陶兄可听闻一二？"

此时已是晋安帝义熙十四年（418），身为太尉的刘裕经过多年的征战攻伐，树立威信，培植腹心，已经位极人臣，离皇帝的宝座仅有一步之遥，朝廷内外的反对势力已大多被翦除，似乎再也没人能阻挡他的政治野心了。跟当初桓玄篡逆一样，他也在处心积虑地谋划如何实现政权的安稳过渡，效仿前朝的"禅让"是个现成的办法，只要让那个白痴皇帝再依样照抄一遍禅位诏书，自己在群臣面前演一遍礼让三番的把戏，便可名正言顺地继承大统了。只是当时民间流传着这样一句谶语："昌明之后尚有二帝。"意思是说，在晋孝武帝司马昌明之后，晋朝还有两任皇帝。刘裕满心狐疑，难道是晋祚未绝，在晋安帝之后，还有一位司马家的天子吗？虽然他大权在握，但对于昭昭天命他还是有所畏惧的。然而，谶语天命的疑惧终究挡不住他对权力的渴望，于是刘裕及其手下心腹先是密谋毒杀晋安帝未果，后来终于将安帝缢死于宫城东堂。可怜这位痴愚的皇帝，在位二十余年，始终是权臣手下的傀儡，先后被司马道子父子、桓玄、刘裕所玩弄掌控，成为各方势力争逐权力的借口与工具，只因他生在帝王家，竟遭遇了凡俗之人所不可想象的人间毒苦，最后还被残忍地谋害了。刘裕密谋杀害安帝并扶植安帝的弟弟司马德文做皇帝（是为晋恭帝），用以符验"昌明之后尚有二帝"之兆；又自称宋公，总管一切朝政，接着只要依样画葫芦逼恭帝禅位，他的这番皇帝梦就可以做得圆满了。王弘很早就供职于刘裕麾下，现在刘裕将他派任江州刺史，也无非是将心腹之人安插在军政要地，以巩固自己的权位而已。王弘到了江州，倒也政令宽简，百姓安宁。他是大家族出身，又气度不凡，因此到任伊始就想要结交本地的逸人高士。

渊明对朝廷中的人事变动也略有知闻，虽然宫闱秘事，外人莫知其详，但天下大势的走向还是能看得分明的。当初曹魏末年，司马氏秉持朝政，篡夺之势已成，所谓"司马昭之心，路人皆知"，想不到历史轮转，现在轮到司马家的天子被人宰割鱼肉，刘裕的篡位之心已经是路人皆知了。刘裕作镇军将军时，渊明与王弘同在幕下任参军之职，只不过渊明任职时间颇短，未曾与王弘相识。此时王弘想要来结交，莫非这背后仍是刘裕的旨意？

渊明凝神半晌，才缓缓说道："庞兄，我隐居多年，早已不过问朝廷之事。王刺史大人家世清贵，我等山野草民何敢攀附？拜帖我先收下，且为我致谢王大人美意，只是这酒我不便妄领。"说罢便要起身告辞。

一行人又抬起篮舆，渊明闭起眼来，面作酒醉之状，不再言语。庞通之仍旧立在凉亭一侧，拱手默然，远送他而去。

又过了数日，恰逢重九佳节，渊明小院中开满了菊花，芳洁雅致，令人欢喜。渊明闲步于菊花丛中，兴致盎然，只可惜对此良辰美景，却无酒可饮，心中颇感遗憾。家中早已没有储存的陈酒了，最近渊明又身体抱恙，妻子翟氏总是劝阻他饮酒，因此他只能采了一把菊花，怏怏地在花丛中逡巡。又觉得情怀难遣，于是踱步吟出一首诗来：

世短意常多，斯人乐久生。日月依辰至，举俗爱其名。露凄暄风息，气澈天象明。往燕无遗影，来雁有余声。酒能祛百虑，菊解制颓龄。如何蓬庐士，空视时运倾！尘爵耻虚罍，寒华徒自荣。敛襟独闲谣，缅焉起深情。栖迟固多娱，淹留岂无成？

渊明低声缓唱了一遍，一面闭起眼来在菊花丛里默然而立。

"好诗！好诗！"忽然有人叫出声来。

渊明睁眼一看，见一行人抬着一顶轿子，正歇在院子外边的小路上，轿子里走下一个人，身着便装，气宇不凡，拱着手向渊明行礼道："适才听陶先生吟诗，深感先生高情逸兴，令人敬仰，不觉叫出声来，搅扰了先生诗兴，失敬失敬！"

渊明还了礼，问道："尊驾是？"

那人答道："在下本州刺史王弘是也，今日特来拜会陶先生。"

渊明道了声失礼，请王弘到小院里来。王弘命随从歇了轿子，立在院门外休息，又命三五个白衣仆从抬了两坛美酒进来，解下绳索，摆在阶下。王弘道："听闻先生好酒，在下不揣冒昧，以此作为见面之礼。今日适逢重阳佳节，愿借此酒，聊佐先生清兴。"

渊明知道上次他托庞通之送酒不成，这次才专程前来，于是歉然答道："刺史大人驾临寒舍，山野之人无以款待，又岂敢接受大人的馈赠？"

王弘道："陶先生不必客气，在下久闻先生令名，只是无缘相见，今日唐突拜访，因此聊以借酒致意，以表敬贤慕德之心。"

渊明道："既如此，我也不便推辞了，不如借大人之酒，共酌数杯，以赏此花。"

王弘很高兴，欣然应允。于是二人在院中石桌边坐下，随从斟满酒端上来。渊明也不再拘于俗礼，先喝一杯尝了，赞叹了一声，只见满园黄花正烂漫开放，清香淡雅，又见王弘神情超然，谦恭有礼，心想不知他一会儿会有什么话说，于是又喝了一杯，过足了酒瘾，豪爽地哈哈大笑起来。

王弘笑道："先生性情洒脱，风度神采，令人神往，只是相识恨晚。宋公任镇军将军时，某在幕下任咨议参军，听说先生当时也在幕中，只是无缘相识。"

渊明点头道："宋公当时西征桓玄，幕下公务繁杂，又人事浮动，是以未曾与大人结识。我于不久之后就转任他职，回想起来，半生劳碌，实在微不足道，最后就隐居于此了。"

王弘道："宋公对先生极是敬慕，只因国事繁冗，征战四方，未暇与先生多多求教。"

渊明道："陶某见识浅陋，岂敢言教。宋公英明伟略，如今总理朝政，有王大人辅弼左右，更不需要陶某这样的山野之人了。"

王弘道:"陶先生过谦了,自古以来,山野多异人奇士,天子王侯尚且以礼致之。如今宋公敬贤礼士,广招英才,像先生这样的名贤,理应在征聘之列啊。"

渊明道:"某已息交绝游,养志田园,加上年老衰朽,又岂敢侧身征聘之列呢?"

王弘叹道:"先生淡泊明志,不慕荣利,实在令人钦佩。"

渊明喝了一口酒,缓缓说道:"王大人认为当今之世如何?"

王弘道:"晋室糜烂久矣,四郊多乱,民不聊生。宋公扫平叛逆,恢复旧疆,解民倒悬,顺应天命,如今正是太平之象。"

渊明摇摇头,正色说道:"大人是世家贵胄出身,累代簪缨,为晋国栋梁,如何说出这般话来?依在下愚见,此时正是衰世。"

王弘大惊失色,不知该说些什么。渊明长叹一声,接着说:"自从伏羲、神农以后,世间的真淳之性便消磨断绝了,所以孔子才会四方奔走,弥缝衰世的祸乱，试图使之复归醇正。孔子一生虽然抱负不得施展，感叹生不逢时，但毕竟有整理礼乐之功，通过授徒讲学留下了文化传承的血脉。孔子殁后，微言遂绝，儒门子弟分散，学术衰微，中国终于进入到黜王道、行霸道的暴秦时代。秦始皇焚灭诗书，虏使其民，推行暴政，以逞私欲，终于二世而亡。汉兴以后，躲过秦火之劫的那些儒生纷纷通过手书口诵，传下了六经——其中，《诗》有鲁申培公、齐辕固生、燕韩太傅，《尚书》有济南伏生，《礼》有鲁高堂生，《易》有淄川田生，《春秋》有齐胡母生等，他们年纪老迈，须发皓然，但痛心于六经消亡，无人承继，因此尽了全力也要延续文明的血脉，使学术思想不至于断绝。此后读书人才有经典可依，才有代代相传的礼乐之治。这一部读书人的心史，王大人学识渊博，应该是了然于心的。"

王弘点点头，但依旧默不作声，他知道渊明还有很多话要说，且听他有何所指。

渊明又说道："可惜自本朝以来，老庄盛行，读书人再也不亲近经籍，即使熟读六经，也只是将它视作利禄的敲门砖，并不能真正领会圣人著书的真旨。他们口尚玄谈，以名士自居，终日驰车奔走，但世间再也找不到如孔子及其门徒那样问津以救世之人了。近十余年来，国家多难，群雄竞争，百姓流离困苦，四海疮痍未复，如何算得上太平之世？更有甚者，读书人于此时只顾追名逐利，为门户私计，对于生民之疾苦、国家之兴亡、思想之延续都漠不关心，不赞一词，先贤往圣的那番苦心孤诣、艰苦卓绝的传续使命，难道就此断在我辈手中了么？这便是我所说的衰世的缘由了。陶某才不堪救世，与人寡合，尚知隐居以求其志，行义以达其道，君子安贫，守节知命，是以隐居于田园之中，不再应任何的征聘之命了。"

王弘原本还以为可凭借自家煊赫的家世出身，来博得一个礼贤下士的令名，又可借刘裕大权在握的威势，征聘山林之士以点缀新朝，却不料渊明说出这一段言语，见解之深刻，眼界之远大，实非自己所能及，又见他饮酒之后，滔滔不绝，神情超逸，凛然有不可侵犯之色，当下心中拜服，面如死灰，怔怔地说不出话。

渊明又举起酒杯，道："王大人赐酒，陶某感激非常。刚才一番言语，多有谬误之处，请大人恕我醉人之言，万勿怪罪。"

王弘也举杯回应道："岂敢岂敢！先生之言，振聋发聩，在下大受教益。今日且先告辞，来日再来请教吧！"

渊明也不再挽留。王弘一行人抬了轿子，一溜烟地走了。

渊明似乎真有些醉了，但心里清醒得很，以致心潮鼓荡。他明白刘裕及其政治集团正在加紧部署夺权的计划，制造舆论、安抚人心是惯常的手段，以他对中国历史与政治活动的观察理解，朝廷里的腥风血雨每日都在上演，不知何时才有宁日？可叹的是，文人依旧在歌功颂德，粉饰太平，安然接受改朝换代。老百姓自然也管不着这些，谁当皇帝他们可操不了心，只要能有地可耕，有饭可吃，没有战乱侵扰，那便是阿弥陀佛了。可渊明无法这样，他不能像老百姓那样置身事外，漠不关心，也不能如某些文人那样附和权力，毫无廉耻，他目睹这些世变轮替、争夺厮杀、阴谋诡计，不能不心生彻骨的悲凉！如今的社会竟沦丧到如此地步，抛尽仁义道德，只剩下奸诈虚伪，天道昏昧，将来还有什么希望？读书人更是软弱无耻，毫无气节，将往圣先贤的道义尊严都荼毒尽净！渊明深为此而忧虑感慨，然而也无可奈何，他早已远离政治漩涡，退守在田园之中，除了喝酒，还能做些什么呢？常言道，何以解忧，唯有杜康。但也有酒所不能消解的忧愁，渊明便常常喝醉了酒，缄口不语，静静地看夕阳沉去，感叹生命的衰老消磨。

桃源理想

　　一切都如渊明所预料的一样。刘裕挟持晋恭帝
即位后没多久，便故技重施，逼迫恭帝禅位，恭帝
欣然提笔，誊抄好已拟定的诏书，还说："晋朝自
桓玄篡逆就已名存实亡了，因为宋公的缘故，才又
延长了二十年的国运。事到如今，我心甘情愿让出
皇位。"刘裕欢天喜地，立刻登基做了皇帝，改朝
换代叫做宋，改元永初，文武百官加官进爵，依次
升迁，又把恭帝贬为零陵王，迁到秣陵居住，并派
兵严密监管起来。刘裕尚不满足，以为留着司马氏
的皇嗣始终是个祸根，想要杀之而后快，于是指使
手下（褚皇后兄褚秀之、褚淡之）将恭帝褚皇后所
诞下的男婴害死，以绝后患，又想接着除掉恭帝。

恭帝十分害怕，日日与褚皇后待在一处，日常饮食都亲自烹煮，不给旁人下手的机会。到了永初二年（421）九月，刘裕已等得不耐烦了，命令琅琊侍中张伟携带一壶毒酒前去将恭帝赐死。张伟心念旧朝君臣之义，不忍痛下杀手，就在半路上自己喝下毒酒身死。刘裕大怒，指使褚皇后的兄长褚淡之、褚裕之二人佯装前去问候皇后，将她引开，另派亲兵翻越院墙，将恭帝捂在被子里闷死了，于是发丧会葬，昭告天下。刘裕在葬礼上假模假样地悲泣了一场，终于放了心。只可怜他处心积虑经营十余年，坐上梦寐以求的皇帝宝座，却只当了三年的皇帝就一命呜呼了。

刘裕死后，太子刘义符即位，史称少帝。少帝才十七岁，终日嬉游无度，沉溺声色，国事全交给顾命大臣徐羡之、傅亮、谢晦三人。徐羡之等人眼见少帝的所作所为，远非人主之望，又恐辜负刘裕临终所托，于是指使檀道济率兵入宫，废少帝为营阳王，收缴了他的印玺，改立刘裕的另一个儿子刘义隆为皇帝，又杀掉他的同胞兄弟刘义真，以防止兄弟之间的皇位之争。少帝刘义符被废后不久也遭杀害。刘义隆即位后，不甘心受制于顾命大臣，又反过来着手翦除了徐羡之、傅亮，率军平定了谢晦的叛乱，将权力牢牢攥在自己手里。新朝廷建立没多久，而动乱日甚一日，改朝换代并没有带来政治上的稳定，遭受苦难最深的始终是老百姓。

渊明对身边发生的这一切，已经感到深深的悲凉。自他年轻时起，他所目睹的政坛上的权力斗争和血腥杀戮，就从没有断绝过，而且这种斗争杀戮似乎永远没有尽头，会无休无止地延续下去。这让他对官场政治深感绝望，也让他对历史与未来看不到希望，这种精神上的痛苦比他所遭受的饥寒穷困更加令人难以忍受。

他已经到了暮年衰病的年纪，也从不忌讳谈论死亡的话题。人终究要面对死亡的，眼前的一切都要远离舍弃，任你是圣人也好，是皇帝也罢，都逃脱不掉这样的命运。世间还有比死亡更令人悲哀的事情吗？有多少聪明绝顶的人物试图战胜死亡的悲剧，他们迫不及待地建立功名以求不朽，或者沉浸在酒色欲望中纵情享乐，又或者遁逃到佛门中寻找宗教的寄托与安慰，却始终没有办法摆脱生的烦恼和死的忧虑。但渊明似乎真正把生死问题看得通透了，少年时热血的狂想，中年时理性的沉静，都化作此时的人生智慧。他知道生命已时日无多，却无半点惊扰与忧惧，只是平淡地度过余下的时光，坦然地面对死亡。几个儿子都渐渐成人，成材与否都随他去吧，几亩薄田里庄稼的收成，或好或坏也不必计较了，邻居友朋渐渐零落，生命的孤寂感越来越强烈，唯有田园是他心底最后的安慰，这里的荒畴村径、草屋庐舍、鸡鸣犬吠、人声笑语，一切都是那么熟悉，那么温暖，令人无比留恋。有时他喝醉了酒，就预想自己死去的那一天，该是一幅怎样的场景呢？

荒草何茫茫，白杨亦萧萧。严霜九月中，送我出远郊。四面无人居，高坟正嶕峣。马为仰天鸣，风为自萧条。幽室一已闭，千年不复朝。千年不复朝，贤达无奈何。向来相送人，各自还其家。亲戚或余悲，他人亦已歌。死去何所道，托体同山阿。

渊明认为人的生命禀受于自然，气聚而生，气散而死，这是自然大化的规律，也是人生应该顺应的法则，死亡不过是托形体于山阿，纵浪大化中，不喜亦不惧，才是正确的生死态度。既然如此，又何必过多地忧虑与悲哀呢？

渊明的病渐渐沉重起来，起初只是以为气衰体弱，需要好好将息，后来逐渐支持不住，只能卧床，五个儿子轮番进奉汤药，也无济于事，只能眼看着他消瘦下去。孩子们都懂孝心，免不了常常伤神垂泪，渊明却总是微笑着劝慰他们，有时平静地看着窗外，有时又靠着床头和他们聊聊闲话。

大儿子陶俨早已成家，前几年生了一个儿子，在家悉心教养，已经长成乖巧机灵的模样。这一日，陶俨来看望渊明，从灶下煎好药端了出来，又把儿子带到渊明床前。渊明见孙子过来，精神好了很多，一面喝了药，一面抱着孙子坐在床边说话。陶俨也坐在一旁，时时关切着他的父亲，唯恐父亲气力有所不及，反而搅扰了休息。

渊明搂着孙子，和蔼地说："乖孙儿，听爷爷给你讲故事，好不好？"

小娃儿很高兴，勾着渊明的手臂，让他快点开始讲。渊明笑眯眯地说："在很久很久以前，武陵这个地方有一个人以打鱼为生，他每天撑着一只小船在小溪里捕鱼。有一天他沿着溪水溯流而上，不知走了多少里路，渐渐忘记了归家的时间。忽然……"

小娃儿睁大眼睛，入神地倾听着接下来的故事。渊明接着说："忽然，渔人看见前面有一片茂密的桃花林，沿着溪流两岸生长，中间一棵杂树也没有。那些桃花正绚烂热烈地开放，好似一片绯红的云雾，几乎要遮蔽了天空。渔人觉得很奇异，继续划着小船往桃花林深处行进，四周除了一两声鸟啼，就再也没什么声响了，寂静得只能听见自己划船击水的声音。溪流渐渐变得湍急，而桃花林似乎没有尽头一样，一直绵延到一座小山之下。"

小娃儿有些担心地说："渔人大叔找到回家的路了吗？"

渊明微笑着说："这位渔人看见溪流从山脚下流出来，那里仿佛有一个洞穴。他便舍弃了小船，将它系在岸边，然后朝那洞穴里探头望去，里面似乎有些光亮，可能通向某个奇异的地方。他便大胆地弯着腰钻进洞穴去，一开始洞穴十分狭窄，仅能容下一个人通过，艰难爬行了一段，洞穴变得宽阔了，慢慢就能直起腰来行走。走了许久，终于走了出来，眼前豁然开朗，原来是一片古老的村落。"

小娃儿急切地问道："渔人大叔到哪里了？是回到他家的村子了吗？"

渊明说："不是，他并不住在这里，这里的村民也不认识他，可是这里的村落跟他所居住的家乡并没什么两样，平坦的土地上散落着一些村庄，桑竹掩映，鸡犬相闻，四处有蜿蜒曲折的小径，点缀着一些清澈的池塘。这里的人们穿着装扮也都跟我们一样，他们平静地在此耕种生活，繁衍生息，无论老人还是小孩，脸上都洋溢着怡然自乐的神情。"

陶俨知道父亲要说很久的话，怕他太吃力，便拉过孩子抱在怀里，恭恭敬敬地倾听。渊明接着说："这里的人见到渔人的到访，都很吃惊，便问他从何而来，渔人将穿过桃花林与洞穴的经历一一都说了。这时一位老者走过来，邀请渔人到家里做客，还杀鸡摆酒来款待他，村里人听说来了一位外乡客，都跑过来好奇地围观。"

小娃儿问道："他们从哪儿来？为什么要住在洞穴的后面呢？"

渊明道："渔人也很好奇这里的村民们为何居住在如此偏僻的地方。那位老者缓缓道出了原委，他说他们的祖先是为了躲避秦朝的暴政与战乱，才举族迁居到此，这里与世隔绝，土地肥沃，因此就在此定居，不再出去了，于是渐渐与外面的世界隔绝开来。他们在这里日出而作，日落而息，种稻为粮，养蚕织衣，和平无争，安乐自得，又没有官府的苛捐杂税，因此子孙后代繁衍不绝，虽然没有岁历的推算记载，但依照四季更替的规律，已知到如今有数百年了。

"老者又问渔人：'如今还是秦朝的天下吗？'渔人答道：'秦朝早已灭亡了，中间经历了四百余年的汉朝，现在则是晋朝的天下。'村民们都惊奇咋舌，议论不已。老者又问：'如今外面的世界怎么样？'渔人答道：'自晋朝天子坐了天下，战火连年，民不聊生。大族富户兼并了土地，贫苦的农民只能苟延残喘。我就是因为没有土地可以耕种，才被迫以打鱼为生，每日收获一点鱼虾，便拿到集市上去变卖了买些柴米来过活。'

"村民们听说渔人的遭遇，以及对外面世界的描述，纷纷叹息不已。他们争相邀请渔人到各自家中做客，拿出最好的酒食来招待他，渔人见他们淳朴而热情，只得依从。就这样待了好多天，因为挂念妻儿，就执意要回家去。先前那位老者过来与他送行，并郑重地嘱咐他，此地的所见所闻，切勿向外人说起。渔人答应了，告辞而去，依旧循着那个洞穴原路返回，找到溪边系好的小船，沿着溪流回家去了。"

小娃儿听得入神，便问道："后来怎么样？"

陶俨说："爷爷累了，故事讲完了，乖，让爷爷休息一会儿吧。"

小娃儿只是不依，嘟囔着嘴不愿离去，追问道："爷爷，那片桃花林在哪里啊？真的有那么神奇的地方吗？我们也搬到那里去住，好不好？"

渊明摸摸孙儿的脸，温和地说："那个村庄

就叫做桃花源，可是我们无论如何也难以找到它了。"

小娃儿有些失望，仿佛做了一个美丽的幻梦，忽然醒来，却找不见任何痕迹，心中惘然若失。陶俨拉着孩子出去，渊明靠着床头，闭着眼睛休息了一阵。他的故事其实还没有讲完，那位渔人出了桃花源之后，沿途暗暗做了标记，等到回了家，马上就去报了官，诉说自己的一番奇遇。他最终背叛了与老者的约定，只为了贪图官府的一点赏赐。长官听说治下竟有如此奇异的所在，居然隔绝不闻，未沾王化，大为惊奇，就派人按照渔人的记号去寻找，结果寻访的人都迷了路。后来道听途说的消息很多，真真假假，难以辨析，也有很多奇人异士想要去寻找，最终都无功而返，桃花源终于成了一个不可企及的传说。

渊明抬眼看了看窗外，叹了口气，心想道，若是让外人真的找到了桃花源，恐怕这样一片和平乐土也要被污染荼毒了，要将这样冰冷无情的现实告诉给孩子，也未免太残酷了吧？这个世界已经如此不堪，不如留下一个美丽的桃源梦吧，至少在孩子们那里，将来也许总会有些希望。

渊明知道药石无效，大限将至了。他回顾自己的一生，虽然寸功未树，与显达无缘，但始终坚持气节，安贫乐道，自信无愧于天地，因此心中并无半点遗憾。他用半生的经历扎根在田园中，体验过稼穑劳作的辛苦，也遍尝了饥寒困厄的辛酸，但换来了身心的自由与人格的舒展，这是他最为珍贵的人生财富。现在生命将要走到终点了，人生固然值得留恋，但潇洒地与它挥手作别，又未尝不是一种最具有魅力的态度呢？他把几个儿子都叫到床前，谆谆教导他们一番，便真正了无牵挂了。

五个儿子都在床下叩首，神情悲哀，眼中噙满了泪水。渊明看了看他们，心中满是欣慰，他们都长大成人，成家立业，虽然不求什么官宦名爵，但能踏实本分地在乡间生活，不贪图富贵，不好高骛远，也不失为顶天立地的男儿。

"孩子们，不必悲伤，为父已看透生死，平日里如何教导你们的，难道忘了吗？"渊明艰难地说道，"天地赋予人生命，有生必有死；自古以来，即使是圣贤人物，也不能逃避这种规律。子夏曾说：'死生有命，富贵在天。'我一直督促你们读圣贤书，其中的道理难道还参悟不透吗？"

儿子们都止住了哭泣，用手擦拭掉眼泪，静静地听父亲说话。渊明道："我这一辈子，早年误求功名，东西游走，终于因为自己刚直的性情，与俗世多忤，因此决心辞别官场，隐居田园，只可怜你们兄弟五人，从小就跟着我过着忍饥挨饿的生活。但我无悔于自己的选择，人活一生，最要紧的是顺遂自然之性。我年轻的时候，喜欢弹琴读书，偶然开卷有得，便欣然忘食。看见树木繁茂，听见春鸟自在啼鸣，便觉得这是最为快意之事。这些见识固然浅陋，但却是生活的真谛，你们将来遇见烦恼，面临抉择的时候，一定要遵从自己内心最真切的声音，不要为身外之物所迷惑。我依照自己最真实的想法而生活，不知不觉过去了二十多年，自以为并没有将生命虚度。自从患病以来，精神衰损，药石无救，我也知道是大限将至了，但这并没有什么可怕的。我死之后，你们兄弟五人仍要踏实生活，勤劳耕种，不以贫穷为耻，要以气节为先；兄弟之间要和睦友爱，相亲相近。古人云，四海之内皆兄弟，能牢记兄弟之义，谨守门庭，我就死而无憾了！"

五兄弟泣拜床下，久久不能自已。

宋文帝元嘉四年（427），陶渊明卒于家中。一个伟大的灵魂停止了思考，但他的英名却被往后千百年来的中国人永远铭记。

陶渊明
生平简表

● ◎ **晋哀帝兴宁三年**（公元365年）

渊明生于江州浔阳郡。曾祖陶侃，晋大司马，封长沙郡公。祖陶茂，武昌太守。父某。母孟氏，征西大将军长史孟嘉第四女。

● ◎ **简文帝咸安二年**（公元372年）

八岁。丧父。

● ◎ **孝武帝太元十六年**（公元391年）

二十七岁。长子俨生。

●◎太元十八年（公元393年）

二十九岁。起为州祭酒，不堪吏职，自解归。次子俟生。

●◎太元十九年（公元394年）

三十岁。州召主簿，不就。三子份、四子佚生。原配夫
人卒。

●◎太元二十一年（公元396年）

三十二岁。续娶翟氏。

●◎安帝隆安元年（公元397年）

三十三岁。王恭起兵讨伐司马道子、王国宝。道子赐国宝
死，恭始罢兵。

●◎隆安二年（公元398年）

三十四岁。仕桓玄荆州幕。王恭、殷仲堪等联盟趋京师，讨
王愉、司马尚之兄弟。司马元显诱王恭部将刘牢之叛，王恭
败死。

◎隆安三年（公元399年）

三十五岁。五子佟生。孙恩率众起义，攻陷州郡，浙东骚然。道子遣刘牢之进剿，义军溃败，恩逃入海。桓玄讨殷仲堪、杨佺期，独占荆州。

◎隆安四年（公元400年）

三十六岁。朝廷以桓玄为都督荆、司、雍等州诸军事，荆、江二州刺史。

◎隆安五年（公元401年）

三十七岁。母孟氏卒。

◎元兴元年（公元402年）

三十八岁。居忧柴桑。朝廷下诏罪状桓玄，以司马元显为骠骑大将军、征讨大都督。桓玄抗表传檄，罪状元显，举兵东下。元显前锋刘牢之降桓玄，玄入都，总揽朝政，斩元显。

●◎元兴二年（公元403年）

三十九岁。躬耕南亩，有《始春怀古田舍》《十二月中与从弟敬远》诗。桓玄逼安帝禅位，国号楚，徙安帝居江州。

●◎元兴三年（公元404年）

四十岁。始作镇军参军。刘裕、刘毅、何无忌等举义兵讨桓玄，推刘裕为盟主。玄众溃，挟持晋安帝西归江陵。朝廷以刘裕为镇军将军，进讨桓玄，玄败死。

●◎义熙元年（公元405年）

四十一岁。为建威将军刘敬宣参军。八月补彭泽令；十一月，自表解职。安帝还京师，以刘裕为侍中、车骑将军、都督中外诸军事，裕推辞不受。

●◎义熙二年（公元406年）

四十二岁。隐居田园，作《归园田居》诗。

●◎义熙四年（公元408年）

四十四岁。园田居遇火。

●◎义熙六年（公元410年）

四十六岁。移居南村。

●◎义熙七年（公元411年）

四十七岁。与殷晋安别。

●◎义熙十二年（公元416年）

五十二岁。释慧远卒。加刘裕中外大都督、兴师伐秦。十月，晋军至洛阳。

●◎义熙十三年（公元417年）

五十三岁。作《赠羊长史》诗。八月，晋军破潼关，秦兵大败；九月，刘裕至长安，俘秦主姚泓，送建康，斩于市。十一月，刘穆之卒，刘裕引兵东还。

●◎义熙十四年（公元418年）

五十四岁。刘裕密使人缢杀晋安帝，立琅琊王司马德文，是为晋恭帝。

●◎宋武帝永初元年（公元420年）

五十六岁。晋恭帝禅位，降为零陵王。刘裕即皇帝位，国号宋，大赦改元。

●◎永初二年（公元421年）

五十七岁。武帝使张伟奉毒酒鸩杀零陵王，张伟道中自饮而卒。武帝复遣兵士弑杀零陵王。

●◎文帝元嘉四年（公元427年）

六十三岁。卒于家中，世号"靖节先生"。